CW01668198

Prácticos
Familia

Lucía Galán Bertrand

El viaje de tu vida

Planeta

Certificado PEFC

Este libro procede de bosques gestionados de forma sostenible y fuentes controladas

PEFC/14-38-00305

www.pefc.es

Avda. Diagonal, 662-664, 08034 Barcelona (España)
www.planetadelibros.com

Adaptación de la cubierta: Booket / Área Editorial Grupo Planeta
Imagen de la cubierta: © Lisa Tichane / Westend61 / Gallery Stock
Primera edición en Colección Booket: septiembre de 2023

Depósito legal: B. 12.657-2023
ISBN: 978-84-08-27694-4
Impresión y encuadernación: Liberdúplex, S. L.
Printed in Spain - Impreso en España

Biografía

Lucía Galán Bertrand (Oviedo, 1978) es pediatra, escritora y madre de dos hijos adolescentes. Es fundadora y directora de Centro Creciendo con sedes en Madrid y en Alicante. En los últimos diez años, Lucía ha recibido docenas de premios por su labor divulgativa y su compromiso con la infancia, entre ellos el de Reconocimiento a la Infancia por la Comunidad de Madrid o el de Mejor Divulgadora por la Organización Médica Colegial de España. Ha sido incluida por segundo año consecutivo en la lista Forbes de los 100 mejores médicos de España, en la lista Forbes de 2019 en la categoría de Mejor *Influencer* de Salud, en la lista Choiseul de los 100 futuros líderes económicos de España, y reconocida como Personalidad Digital del año 2022 por Consalud. Es autora de *Lo mejor de nuestras vidas*, *Eres una madre maravillosa*, *El viaje de tu vida*, *La agenda de mi bebé* y *El gran libro de Lucía, mi pediatra*, grandes éxitos editoriales publicados por Planeta, algunos de los cuales han sido traducidos a varios idiomas; así como de la serie de seis libros infantiles *Cuentos de Lucía, mi pediatra*, editados por Timun Mas Infantil. Tiene más de un millón de seguidores en sus redes sociales y su blog es referencia mundial en salud infantil. Además, gracias a su compromiso con la infancia fue nombrada miembro del prestigioso Consejo Asesor de Unicef, con el que actualmente realiza viajes a terreno a países como Senegal, Níger o recientemente a la Frontera de Ucrania.

Lucía, mi pediatra

@luciamipediatra

@luciamipediatra

A Carlos y Covi, mi explosión de vida.
Iniciamos este viaje hace diez años
y aquí seguimos, volando alto,
muy alto, juntos, siempre.

ÍNDICE

PRÓLOGO

Cuando decides dar el paso de convertirte en madre o en padre, probablemente te encuentras en uno de los momentos más dulces de toda tu vida; sí, sin duda. Abres la maleta que te acompañará durante todo el viaje y la empiezas a llenar de sueños por cumplir, de planes y de amor, de muchísimo amor. Y en esa fantasía, y sin darte cuenta, te imaginas a un hijo perfecto, llevando una relación de pareja perfecta, viviendo una vida perfecta. Pero ¿sabes qué ocurre? Que la perfección no existe, ni en ellos, ni en nosotros, ni en nada de lo que nos rodea. Pero eso tú, en el momento en el que estás, aún no lo sabes.

En *Lo mejor de nuestras vidas* hacíamos un intenso recorrido por la vida de nuestros hijos desde el mismo momento del parto hasta la difícil pero a la vez estimulante etapa de la adolescencia. Reímos y también lloramos con las muchas anécdotas e historias de tantos y tantos niños que podrían ser los tuyos. Aprendimos a no perder la calma cuando nuestros hijos caen enfermos y a enfocar los distintos problemas cotidianos con los que todos nos hemos ido encontrando.

En *Eres una madre maravillosa*, las luces del escenario nos enfocaban a nosotros, a los padres y las madres. De pronto te viste allí arriba entre hombres y mujeres que sentían como tú y fuiste plenamente consciente de que, en este viaje, todos celebramos las mismas alegrías, lloramos las mismas penas y sentimos los mismos miedos. Conociste a padres y madres con verdaderas historias de superación que nos sirvieron a todos para relativizar nuestros problemas y valorar lo que verdaderamente importa en esta vida.

En *El viaje de tu vida* doy un paso más. Da igual que tengas un hijo, dos o tres. Con cada uno de ellos vivirás un viaje irrepetible. Te crees un ser extraordinario, ¿verdad? Crees que como tu hijo no hay dos, ¿a que sí? Cierto, no hay dos. Somos únicos, pero ahí fuera, en carreteras paralelas, viajan otras familias de las que poco se habla, y es mucho lo que tenemos que aprender de ellas. Es en estas familias que han iniciado el viaje en unas condiciones mucho más hostiles que las tuyas donde están los verdaderos aprendizajes de la vida. Nuestros niños de ahora serán los adultos del mañana y será con tus ojos, con los que miras a los demás, con los que mirarán ellos cuando crezcan.

¿Cómo te gustaría que fueran tus hijos de mayores?, me pregunté antes de escribir este libro. Me gustaría que Carlos y Covi fuesen personas autónomas, respetuosas, seguras de sí mismas, decididas y empáticas. Para ello resultan fundamentales los valores que nosotros, los padres y madres, metemos uno a uno en sus mochilitas.

¿Por qué se sigue hablando tan poco del posparto femenino cuando es una de las épocas más oscuras de la maternidad? ¿Y del posparto masculino? ¿Qué me dices? Tenemos mucho de qué hablar. Lo descubrirás en las próximas páginas.

¿Y si, cuando decides tener un hijo, no viene a la primera, ni a la segunda, ni a la tercera? ¿Y si pasan años de tratamientos, deseos y ruegos?

¿Por qué la pérdida de un bebé antes incluso de haber nacido sigue siendo un tema tabú? ¿Por qué no somos más generosos y compartimos este dolor que al mismo tiempo es el dolor de millones de parejas cuando salen del hospital con los brazos vacíos?

¿Qué ocurre últimamente con la alimentación infantil que parece que todo está mal, que no hacemos una cosa al derecho y que cada vez nos lo ponen más difícil? En las próximas páginas descubrirás que no es tan complicado dar de comer a nuestros hijos de una forma saludable.

La adopción, la discapacidad, el cáncer cuando aún eres una persona joven con toda una vida por delante, la homosexualidad… ¿Quién no conoce casos como estos? ¿Hablamos claro de una vez? ¿A pecho descubierto y sin miedo? ¡Vamos!

¿Qué ocurre cuando tu hijo es tan sensible que te duele? ¿Cuando tu hija se niega a ser princesa? ¿Cuando ya afirma con sus seis añitos que quiere ser guerrera?

Todo el mundo habla de cuidados, pero, dime, ¿quién cuida al cuidador? ¿Al último eslabón de la cadena? Dime…

¿Y qué me dices del divorcio cuando tienes hijos? ¿Por qué se sigue hablando de él con la boca pequeña? ¿Por qué las miradas ajenas destilan juicios varios? ¿Por qué suena todo a fracaso, a mala suerte? ¿Por qué? He aprendido tanto de mi divorcio, me ha enriquecido tanto que no sería la mujer que soy si no hubiera pasado por esa experiencia.

Este libro está lleno de padres y madres valientes que hemos decidido abrir las puertas de nuestro corazón de par en par. Padres y madres que en un momento determinado de sus vidas pusieron el contador a cero. Hombres y mujeres que en un acto de generosidad se han lanzado a la piscina orgullosos del salto que iban a dar con un «Aquí está nuestra historia; este es nuestro viaje. ¿Nos acompañas?».

En este libro hablaremos de lo que nadie dice, pero todos piensan; de lo que nadie cree ver, pero todos saben que existe; de lo que nos hace reír y llorar, en compañía o en la intimidad.

De todos y cada uno de los capítulos extraerás un valioso aprendizaje que espero te acompañe ya para siempre. Aprendizaje que a su vez compartiremos con nuestros hijos, porque esta es la responsabilidad más grande que tenemos y tendremos, y porque quizá dentro de un par de décadas ellos serán los protagonistas de las historias que estás a punto de descubrir. ¿Te atreves?

Pues, vamos, ponte el cinturón y arranca. Que empieza el viaje, el viaje de tu vida.

1

«MAMÁ, ES QUE SER SENSIBLE DUELE»

Querido Carlos:

Acabamos de tener una de esas conversaciones que yo llamo «inspiradoras». Para ti quizá no lo sean aún, pero llegará un momento en que sí lo sean. Además, con el tiempo descubrirás que en determinados momentos tirarás de ellas a modo de bote salvavidas para ir sorteando las tormentas por las que atravesarás. No te asustes, cariño, de momento no navegas solo. Aquí estamos nosotros, tus padres, para ir achicando agua cuando creas naufragar.

Lo supe desde que naciste. Llorabas mucho, te despertabas mucho, mamabas mucho. Desarrollaste tus sentidos rápidamente. Los susurros te calmaban más que las canciones; las caricias, más que las palmitas o el cucú-tras. Mi pijama de la noche anterior enredado en tu cuerpo era el mejor de los sedantes. Aún recuerdo cómo te frotabas la carita con mis camisetas usadas. Al principio me resultó curioso, luego gracioso, y cuando con dos años me dijiste al asomarte a la ventana:

«Mami, huele a lluvia», lo tuve claro. Tus comentarios, observaciones y reflexiones no dejan de sorprenderme.

¿Sabes lo que me dijiste hace un tiempo de camino al oftalmólogo? «Mami, ¿cómo se llaman los médicos de las miradas?» Desde entonces, cada vez que veo a un colega oftalmólogo, sonrío y pienso en ti.

Ahora tienes diez años, sigues buscando mi calor en mi regazo, mi olor y mis caricias. Eres un explorador de emociones, el mejor y más certero explorador de tu mundo interior.

«Mamá, si el corazón me late más deprisa, es porque estoy nervioso, ¿verdad? —me preguntaste con seis años. Y añadiste—: Y, además, he descubierto que me sudan las manos y se me seca un poco la boca.»

Cuando escuchas una canción que te gusta mucho, coges aire fuerte, cierras los ojos y al cabo de unos segundos los abres, me buscas y me dices, señalándote al antebrazo: «Mira, mamá, se me han puesto los pelos de punta, la piel de gallina». Y es cierto. Absolutamente cierto. La música te eriza la piel de pies a cabeza. ¿Sabes, cariño, que hay personas que eso no lo han sentido nunca en su vida?

Ayer me preguntaste qué era la melancolía. «Esta canción de Bunbury es la melancolía, *Frente a frente*», te contesté. Y no te conformaste con darle al *play*, no, sino que te pusiste los auriculares para escucharla mejor. Incluso hubo momentos en que inconscientemente cerraste los ojos. «Así es como se escucha la música que verdaderamente nos mueve, así», pensé orgullosa.

Cuando te llamo por teléfono tras una larga jornada de trabajo impartiendo alguna conferencia, antes de contarme las mil y una actividades que has hecho en el día, la primera pregunta que me haces es:

—Mami, ¿cómo estás? ¿Cómo ha ido?

Y yo te cuento paso a paso los detalles que tú estás esperando escuchar:

—Ha ido muy bien, cariño. Me he sentido muy bien en la conferencia de hoy. La gente estaba muy emocionada.

—¿Y tú, mamá? ¿Te emocionaste? —me preguntas muchas veces.

Ya sabes la respuesta. Sí, me emociono con mucha facilidad.

¿Sabes, cielo? Hubo un tiempo en el que me contenía, me censuraba a mí misma, no me sentía identificada con el mundo que me rodeaba. En muchas ocasiones sigo sintiéndome así, pero ahora ya sé por qué es y he dejado de culpar a los que no sienten como yo. Hoy, Carlos, me siento aquí para contártelo.

Querido Carlos, habrá días en los que no entiendas nada. Nada de lo que te rodea, nada de lo que piensan los demás. Habrá días en los que te sientas un extraterrestre y tengas que escuchar reproches del tipo: «Es que no hay quien te entienda»;

«eso no es importante, ¿por qué le das tantas vueltas?». Y lo que la gente no entenderá es que para ti sí es importante. Y para ti sí merece darle todas las vueltas del universo hasta encontrar la respuesta. Porque tú eres un niño de preguntas y de respuestas, necesitas saber, necesitas sentir también, y todo aquello que no te mueva por dentro pierde completamente tu interés.

Pero tranquilo, porque habrá momentos en los que te ocurrirá todo lo contrario. Escucharás cómo te dicen con una sonrisa: «Es que te conformas con tan poco; es tan fácil hacerte feliz». Porque tú, como yo, eres amante de los placeres sencillos.

«Mamá, enciende la tele, ponte aquí conmigo y trae la mantita. Es un plan perfecto, ¿no te parece?», me dijiste hace un par de semanas.

Al llegar a casa después de dar un paseo por el acantilado con el abuelo, lo primero que me dijiste fue: «¡Mamá, qué espectáculo! Todo el mar allí, delante de mí. Tan grande y yo tan pequeño». Con tan solo diez años acababas de experimentar la naturaleza en todo su esplendor y magnitud, y lo comparaste con lo pequeños e insignificantes que somos nosotros, los seres humanos, cuando nos asomamos a un acantilado de casi cien metros de altura. Maravillosa reflexión para un niño, cariño. Me siento orgullosa de ti.

Sentir así de intenso es maravilloso, pero habrá días, cariño, en los que te sentirás un saco de boxeo. Todos los golpes caerán sobre ti. Tu sensibilidad y tu empatía harán que derroches ternura por cada uno de tus poros. Y ¿sabes qué, amor?

Que como el mundo está necesitado de ternura, quien se tope contigo querrá exprimir cada gota de tu esencia. Y como la generosidad por compartir tu sentir es algo que no podrás contener, darás, te darás y te entregarás. Y habrá gente maravillosa a la que ayudarás hasta límites que ni te imaginas, pero también habrá abusadores que para lo único que te quieran sea para eliminar sus fantasmas, soltar sus miedos, vomitar su ira y cargar contra todo aquel que tenga la paciencia de mantenerse en pie ante tal avalancha de exigencias emocionales. No lo permitas. Aléjate tan pronto como los identifiques. Esa gente nunca cambia.

Además de todo esto, serás el perfecto cuidador. De hecho, ya lo eres. Este invierno cogí un buen catarro, de esos que se complican con una crisis de asma y me tumba en la cama durante dos o tres días. Aquella primera noche en la que yo estaba al 50 por ciento, tú fuiste el primero en darte cuenta. Cuando terminamos de cenar y subimos a la habitación, os pedí a tu hermana y a ti que os lavarais los dientes. Mientras estabais en el baño, me dejé caer en la cama y pensé: «Venga, ahora leemos el cuento rapidito y los acuesto. Hoy no doy para más». Al salir del baño, me viste allí tirada a punto de quedarme dormida, agotada y febril. Te sentaste al borde de mi cama y me dijiste:

—Mami, yo te cuidaré. Esta noche duermo contigo.

Sonreí, te besé en la frente dulcemente y te contesté:

—No, cariño, no te preocupes. Además, no quiero contagiarte.

Inmediatamente me cogiste la cara con tus dos manitas y me dijiste mirándome a los ojos:

—En la salud y en la enfermedad. ¿No dicen eso las personas que se quieren mucho? Yo te quiero más que a nada, mami.

Y solté una carcajada acompañada por un ataque de tos que terminó con un chute de Ventolín. Esto, cielo, con nueve años no es lo habitual.

¿Y qué me dices cuando hace unos meses me dio una bajada de tensión y me mareé en la cocina? ¿Lo recuerdas? Te diste cuenta de inmediato y con una tranquilidad pasmosa viniste a mí y me dijiste: «Mami, sube las piernas, que lo vi en un documental. Si no se te pasa, te hago la reanimación cardiopulmonar, que lo he aprendido en el cole». Creo que el ataque de risa que me dio hizo que me subiera la tensión *ipso facto*.

Eres generosidad, necesitas dar, necesitas ayudar, empatizas tan rápidamente que a veces te duele. Tranquilo, yo te enseñaré a que empatices sin sufrir tanto, para que de este modo puedas ayudar aún más a quien tenga la suerte de tenerte como amigo o como compañero de viaje.

A medida que vayas navegando tú solo en la vida, tus amigos te dirán: «Es que das demasiado. Guarda para ti. No todo el mundo es como tú. ¿Es que no lo ves?». Y la respuesta, cariño, es que no, no lo ves, no lo verás. La verdad es que lo que tú ves va mucho más allá de lo que ve la mayoría de la gente a tu alrededor, pero eso no es malo. Eso es muy grande.

«Mamá, es que ser sensible duele», me dijiste hace unos días. Duele, mi cielo, sí que duele. Pero al mismo tiempo te hará vivir la vida con una intensidad que quien te conozca envidiará sentir de la manera que tú sientes. Esta memoria prodigiosa que tienes para los recuerdos no es casualidad.

«¡Pero si recuerdas hasta el último detalle!», me dicen con frecuencia. Y quizá no recuerde lo que cualquiera recordaría; yo recuerdo miradas, olores, minutos y minutos de conversaciones que me han vuelto del revés, abrazos, lágrimas y besos. Soy una coleccionista de momentos.

Y sí, forma parte de lo que hoy aquí te escribo. No luches contra tus recuerdos. No lo hagas. Habrá recuerdos que te arranquen a tiras la piel y el alma y te mantengan en alerta de los lugares a los que no volverás nunca más. Pero habrá otros recuerdos que te harán arder en llamas en unos segundos y te impulsarán a vivir experiencias similares que llenen tu vida. Y esta maravillosa capacidad de moverte por los recuerdos, de rescatarlos, de volver a sentirlos y de buscar incansablemente esa felicidad te hará muy grande.

No desesperes, no tires la toalla, no desfallezcas; no lo hagas, cariño. Lucha por tu verdad y lucha a muerte. Porque el mundo necesita niños como tú, adultos como el que tú serás dentro de unos años. No pierdas jamás esta sensibilidad con la que naciste y que poco a poco ha pasado a ser tu mayor atractivo, aun con esos enormes ojos verdes que tienes que cautivan a quien te mira.

Ayer por la noche llegó a mí una frase que me hizo pensar:

**«Ten un corazón generoso,
una mente ágil y
un espíritu valiente».**

Sí, Carlos, sé generoso, cariño, generoso con todas las personas que en un momento determinado nos han tendido la mano; generoso con el débil, con el necesitado, con aquel que te pida ayuda. Sé generoso a la hora de compartir y a la hora de agradecer.

Ten una mente ágil; ágil para buscar soluciones, respuestas, para no enquistarte ni lamentarte; ágil para superar las adversidades y seguir luchando. Sean cuales sean las circunstancias, no dejes nunca de luchar. Ten una mente ágil para buscar sonrisas y ternura en tu vida, la misma que tú das. No te conformes con menos.

Y sé valiente, mi cielo, valiente con los tuyos y contigo mismo, aunque en ocasiones duela, aunque tengas miedo, aunque no sepas qué hay al otro lado. Valiente con los valientes que luchan a tu lado y valiente con la vida. Porque nadie recuerda a un cobarde y sí a un valiente. **Porque los valientes inspiran, alientan y mueven el mundo, y los cobardes se olvidan.**

Y, por último, Carlos, comparte. Comparte tu maravilloso sentir; hazlo sin miedo. Mi pequeño explorador de emociones, que a ratos escribes poesía, a ratos rap.

Hace unos meses te regalé una libreta para que escribieras en ella cuando lo necesitaras. Te confieso que anoche la encontré bajo tu almohada. Se me llenaron los ojos de lágrimas al leer la primera frase: «Gracias, mamá, por compartir conmigo todas tus alegrías y tus penas. Ahora me toca a mí».

Sí, cariño, ahora te toca a ti.

Siempre tuya, Mamá.

Se lo dedico a todos los niños sensibles, a todos los padres sensibles y a todo aquel que tras leer este capítulo se haya sentido identificado.

Aquí tenéis mis cinco aprendizajes tras asumir las altas dosis de sensibilidad de mi hijo Carlos:

1. **Acéptate como eres y acepta a tu hijo como es.** No luches contra su forma de ser ni de sentir. Quizá no sea como la tuya. ¿Y qué? ¿Crees que eso es peor? Tu hijo no nació para cumplir tus sueños, sino para cumplir los suyos, que ojalá sean mucho más grandes y bonitos que los que tú habías pensado para él. Aprende a identificar sus puntos fuertes y poténciale, hazle crecer, dale alas. Ni es un «blando» ni es un «flojo». No permitas que nadie le juzgue ni le etiquete; no lo hagas tú tampoco. Ser sensible es una cualidad maravillosa y extraordinaria. Házselo sentir así.

2. **No metas a tu hijo en una burbuja** en un intento de protegerle frente a los golpes de los «insensibles». En esta vida aprendemos de las dificultades, de los errores y de los golpes. Tu hijo lo aprenderá también, pero has de darle la oportunidad de hacerlo, aunque te duela. Recuerda que la sobreprotección le convertirá en un niño inseguro, frágil y con pocas o muy pocas habilidades cuando salga ahí fuera, al mundo real. No caigas en ella. No podrás evitar que se caiga, pero en nuestra mano está que se levante cada vez.

3. **Empatiza con tu hijo sin sobreempatizar,** es decir, ponte en su lugar y trata de calzarte sus zapatos, pero sin que ese sentimiento te arrastre. La empatía es la capacidad de ponerte en el lugar del otro para saber cómo se siente, pero siempre volviendo a tu lugar, para así ser capaz de ayudarle realmente. Cuando sobreempatizamos, nos quedamos ahí, en su realidad, en su oscuridad a veces, y somos incapaces de avanzar. Ojo.

4. **«Pase lo que pase te apoyaré siempre. Confío en ti.»** Repíteselo cada vez, ya que reforzarás su autoestima y saldrá de casa con un «soy capaz» dentro de su mochila.

5. **Dile a tu hijo lo orgulloso que estás.** Sí, díselo muchas veces. Enséñale a sentir que la sensibilidad no es un defecto, sino una virtud, un don y un valioso talento.

2

«NADIE PENSÓ EN MÍ»

—Rosa, me voy a la farmacia. Cuando se vayan tus padres, me avisas.

—Pero…

—Pero nada. ¡No puedo más! —exclamó Jesús dando un portazo.

Era la primera vez que Rosa veía así a su marido. ¿Dónde se había quedado el Jesús risueño, alegre, bromista y despreocupado con el que se había casado? ¿Ese chico que era capaz de darle la vuelta a casi cualquier situación, que siempre tenía un as bajo la manga, que era la alegría de toda reunión de amigos, al que nada en esta vida le parecía tan importante como para no poder hacer una broma o quitarle el hierro que los demás se empeñaban en ponerle a todo? ¿Dónde estaba el Jesús que llevó en coche a su chica a hacer el examen de las oposiciones tras meses de encierro y, mientras ella se examinaba, él abría las maletas sobre la cama y a toda velocidad volcaba en ellas el cajón de ropa interior de Rosa, sus camisetas y sus vaqueros para darle una sorpresa y llevársela de fin de semana a la salida del examen? ¿Dónde estaba ese Jesús que con toda la ilusión del mundo le dijo a Rosa que subiera al coche, que abriera la guantera y leyera la nota donde ponía: «Ahora empieza nuestro viaje»? ¿Dónde estaba el Jesús que, en pleno paseo de Benalmádena, a las 12 de la noche, le dio la mano, la llevó a la playa y allí mismo se arrodilló y le pidió matrimonio con anillo en mano ante una Rosa tan emocionada que ni siquiera fue capaz de contestar? ¿Dónde estaba el Jesús que, tras cuatro años insistiendo en tener hijos, un día se plantó delante de ella y le dijo: «¿Tú quieres ser madre? Porque llevo cuatro años esperando por ti»? ¿Dónde estaba?

En cuestión de unas cuantas semanas, Jesús se había esfumado, se había ido apagando, oscureciendo y arrugando. Se había hecho pequeñito hasta convertirse en un hombre taciturno, pensativo, gruñón y apático.

Y allí mismo, tras sentir aquel portazo como una bofetada, Rosa se quedó en mitad del pasillo con su bebé de apenas un mes de vida en brazos, recuperando el ánimo en tiempo récord, antes de entrar en el salón donde la esperaban sus padres dispuestos a coger a la niña, cambiarle el pañal, bañarla e intentar dormirla…

Era la primera nieta de ambas familias, un bebé enormemente deseado después de tres dolorosos abortos previos. Y aquellos abuelos jóvenes estaban dispuestos a montar el campamento si así era necesario.

—¿Yo? ¿Tiempo para deprimirme en el posparto? No tuve —me decía Rosa—. Tenía tantas ganas de ser madre, había soñado con ese momento tantas veces y soy tan resolutiva e independiente que creo que hice una coraza para no venirme abajo. De hecho, los primeros días todo iba como la seda. Jesús, Lara y yo éramos un equipo. Jesús se hacía cargo mientras yo me iba recuperando. No hubo tiempo para venirnos abajo. Además, yo trabajé hasta el último día. Tenías que haberme visto haciendo sentadillas en las clases de pilates y corriendo de aquí para allá todo el día con mi barriga. Físicamente no supuso el gran cambio del que hablan la mayoría de las madres. He de decir que ahí tuve suerte. Sospecho que el ser profesora de educación física tuvo mucho que ver.

Yo la escuchaba atentamente y no podía evitar sentir cierta envidia al recordar el posparto tan difícil por el que pasé con mi primer hijo. Ni me reconocía frente al espejo, ni reconocía a mi marido, ni me reconocía a mí misma siquiera. Lo recuerdo como un túnel muy oscuro en el que, recién aterrizada en la maternidad, experimenté emociones y sentimientos nuevos y desesperanzadores. Fueron días en los que mi arrolladora energía vital había desaparecido de la noche a la mañana y en los que me sentí tremendamente sola e incomprendida, a pesar de estar rodeada de gente que me quería incondicionalmente. Sin entender nada de lo que me ocurría porque nadie me lo había contado, yo sujetaba fuerte a mi bebé en brazos, a mi hijo, a ese niño por el que daría la vida sin pensar. Esa desazón de quererle y no quererme me consumía.

—Los problemas vinieron a continuación —matizó Jesús—. Cuando me tuve que incorporar a trabajar, todo cambió. Empezó a molestarme la libertad con la que venían nuestros padres a casa. Llegaba cansado del trabajo, y ponte a preparar cenas, a recoger un poco, a bañar a la niña y a dormirla. Tírate con ella hasta las seis de la mañana en brazos porque no había quien la durmiera, y Rosa también merecía un descanso. Y después de todo eso, aguanta cómo tu suegro llama al timbre a las nueve de la mañana de un sábado y entra con un «¿qué tal, chicos? ¡Aquí estamos!».

»Sentía que era un cero a la izquierda. Nada de lo que yo decía o hacía era válido. Por delante de mí, de mis necesidades, de mis deseos, pasaban todos los demás. Mis suegros, porque al vivir fuera de Alicante, ¿cómo no les íbamos a ofrecer la casa? Mis padres, porque al vivir cerca y al ser su primera nieta, ¿cómo no les iba a dejar disfrutarla? Mi mujer porque, evidentemente, ella había parido y era ella a quien debíamos cuidar. Pero ¿qué pasaba conmigo? ¿Quién pensaba en mí? ¡Nadie, Lucía! ¡Nadie pensó en mí!

Yo le escuchaba atentamente, y al mismo tiempo recordaba todas y cada una de las palabras que mi propio marido me había dicho en su día cuando vivimos una situación similar, y lo incapaces que fuimos con nuestro primer hijo de poner unos límites claros y firmes para intentar que todo fluyera.

Y recordé todas las conversaciones que he tenido y que tengo con padres en mi consulta, siempre *a posteriori,* a toro pasado, de lo inútiles que se habían sentido. Del papel tan poco agradecido que habían tenido. De la sensación de frustración e incomprensión que habían vivido las primeras semanas. De no comprender qué estaba pasando, por qué su mujer se comportaba así, por qué tanta tensión en unos momentos que debían ser de felicidad máxima, por qué esa presión familiar por intentar controlar hasta la comida que te vas a meter en la boca o las motas de polvo que descansan sobre el mueble de la tele. Y una vez más reflexioné acerca de la necesidad que existe de preparar a hombres y mujeres para el posparto, para la llegada de un bebé a casa, para el sunami emocional que supone no solo para las mujeres, que nos pone literalmente del revés, sino también para los hombres. Para explicar a las parejas que no se trata de «ayudar», sino de ser un equipo.

Sin embargo, lo que ocurre en estos casos es que cuando nadie te lo cuenta, cuando lo único que escuchas a tu alrededor es que la maternidad o la paternidad es lo más grande y maravilloso que existe, y de pronto te ves ahí dentro, es difícil ponerte en la piel de los demás. Yo, en su día, y con mi primer hijo, he de confesar que fui incapaz. Solo veía mi realidad bajo mi prisma. Y a Jesús y Rosa les ocurrió lo mismo.

Jesús no podía entender que sus padres y sus suegros lo único que pretendían era ayudar, quitar carga, acompañar e intentar disfrutar de ese momento irrepetible juntos y en familia. Jesús no comprendía que, si estaban las felices abuelas en la cocina, era porque estaban preparando comida para todos. Jesús no entendía que, si su suegro aparecía a primera hora, era para intentar echar una mano en lo que pudiera, que aquella niña era su primera nieta y que la emoción con la que lo viven unos abuelos tras más de treinta años sin coger en brazos a un bebé es indescriptible.

—¡Nadie nos respetaba! —sentenció Jesús—. Tuvimos la sensación de que nos estaban robando las primeras semanas de la vida de nuestra hija. Y me vine abajo, sí. Pero no como describen el posparto por ahí, con lloros y lágrimas. No, yo estaba enfadado y cansado. Estaba exhausto.

Y así es. El posparto masculino es una entidad poco frecuente y muy poco conocida. Según diversos estudios, se estima que aparece entre el 4 y el 10 por ciento de los padres, generalmente de los 3 a los 6 meses tras el nacimiento del bebé. A diferencia de las mujeres, los expertos explican que los hombres, más que tristeza, presentan irritabilidad o agresividad, o ambas cosas a la vez.

Rosa no entendía lo que estaba sucediendo. Su personalidad altamente controladora y planificadora no había contemplado la posibilidad de que su marido, aquel hombre que llevaba años pidiéndole un hijo, llegara a casa después de una larga jornada de trabajo más tarde aún que antes de tener a Lara.

—Yo no podía imaginar separarme de mi hija ni un solo instante, y saber que Jesús salía del trabajo y se iba con sus amigos a tomar una cerveza en lugar de venir a casa corriendo para disfrutar de nosotras me ponía enferma —me confesaba Rosa mientras Lara correteaba entre sus piernas.

—Pero vamos a ver, Rosa, era una cerveza. Una. Necesitaba desconectar veinte minutos después de estar diez horas trabajando. Parar un momento antes de meterme en casa a seguir… currando. Te recuerdo que yo era el encargado de bañar a la niña todos los días y dormirla para que tú descansaras un poco tras estar todo el día con ella.

¿Sabes ese momento en el que uno está tan obcecado en su postura que es casi imposible sacarle de ahí? ¿Ese instante en el que la persona está inmóvil en un determinado comportamiento o pensamiento y elevarse, aunque sea unos centímetros para tomar distancia, es literalmente misión imposible?

—Yo te dejaba la hora del baño para ti. Pensaba que te gustaría tener y conservar ese recuerdo para siempre —le reprochaba Rosa.

—Y me gustaba, pero al mismo tiempo pensaba: «Jolín, algún día podía bañarla ella para que yo pudiera descansar un poco al llegar» —contestaba él.

—¿Y yo qué crees que descansaba con Lara todo el día en brazos? La culpa fue mía. Pagué el precio de cargar en la mochila con todo durante toda mi vida y, claro, para los que te rodean es fácil tener a una persona así a su lado.

—En aquella época —me confesaba Rosa— fue la primera y única vez en que creí que Jesús y yo terminaríamos en divorcio. Nunca habíamos discutido tanto. Fue muy duro. De pronto me vi entre la espada y la pared: mis padres y mi marido. Tuve que decirles a mis padres que no vinieran a casa durante una temporada, que necesitábamos estar solos, recuperar nuestra intimidad y reordenar nuestra nueva vida. Aun así, fue muy difícil porque realmente pensé que perdía a Jesús.

Ya sabemos todos que las tormentas no son eternas, que, de hecho, nada en esta vida es eterno. Y aunque tras la lluvia quizá no brille un sol hermoso inmediatamente, sí es verdad que un día cualquiera deja de llover, cambia la dirección del viento y algunas de las nubes se van. Y ese día de claros y nubes fue una tarde en casa de los padres de Jesús.

Tras comer todos juntos y servirse unos cuantos y sutiles reproches de ida y vuelta entre plato y plato, Concha miró fijamente a la pareja y sin más rodeos dijo:

—A ver, ¿qué pasa aquí? ¿Qué os está pasando?

En ese momento, Rosa, que tenía una conexión especial con su suegra, vio la oportunidad de desahogarse al fin, de soltar lastre, de quitarse la pesada mochila de mujer todoterreno con la que había cargado todos estos años. No podía más.

—Nadie pensó en mí tampoco, Lucía —me decía Rosa entre lágrimas.

Trabajo, niña, casa, su familia a cientos de kilómetros, su marido presente pero distante. Rosa, la hija perfecta, la hermana perfecta, la profesional perfecta, la madre perfecta, la mujer perfecta. Cuando la perfección no existe, no existe en nada de lo que tenemos a nuestro alrededor…, curioso, ¿verdad? ¡Cómo la entendía!

Tras exponer serenamente el tormento por el que estaban atravesando Jesús y Rosa, Concha les dio las claves, sencillas, muy sencillas. ¿Qué tienen las madres y los padres que, cuando les cuentas un problema a corazón abierto, las nubes se despejan, el sol aparece tímidamente y las soluciones surgen solas? ¿Es consuelo? ¿Es sentirse reconocido, reconfortado, escuchado, acompañado? ¿Qué es? Probablemente una mezcla de todo.

Y una vez más me sentía identificada con su historia porque ¿cuántas veces no les contamos a nuestros padres, si tenemos la suerte de tenerlos, nuestros problemas por no preocuparlos? ¿Verdad? ¿Y lo bien que se siente uno al hacerlo, al quitarse capas y soltar escudos?

—Aquella conversación supuso un antes y un después —me confesó Rosa—. Cuando llegamos a casa, en un instante en el que estábamos a punto de iniciar una nueva discusión a causa de mi familia, cogí a Jesús y le dije: «Jesús, mi familia sois tú y Lara. ¿Te enteras?».

—Esa tarde —dijo Jesús— cogí el teléfono y llamé a mi suegra: «Ven a casa cuando quieras. Te esperamos con los brazos abiertos».

Y poco a poco, Rosa y Jesús recuperaron su vida, cogieron las riendas de la situación, se acercaron, se juntaron, se quisieron mucho y bien. Jesús, añorando a la mujer con la que se había casado, le propuso a Rosa que saliera con sus amigas: «Despéjate. Haz el favor de volver a hacer deporte. Te apasiona. Sal a correr. ¿Ya no te acuerdas lo bien que te sentaba?».

—Y eso hice, Lucía. Empecé a pensar en mí, en lo que necesitaba, en que, si no llego a todo, como muchas veces me has dicho, no pasa nada. En que es normal que a Jesús le apetezca tomarse esa cervecita con los amigos porque yo ahora he descubierto que también necesito quitarme, a ratitos, mi traje de madre.

—Y ahora, ¿en qué punto estáis? —les dije sonriendo.

—En el punto en el que, si podemos endosar a Lara, la endosamos y nos vamos los dos solos —contestó Jesús, robándole un sonoro beso a su mujer.

—Sí. Ahí estamos. Y cuando llegamos a casa y viene la pequeña corriendo a abrazarnos y darnos un beso, se nos cae la baba… Y la veo tan grande ya, a punto de cumplir dos años. Hemos pasado por tanto en tan poco tiempo —decía Rosa, melancólica.

Y así es. «¿Qué hacíamos con el tiempo antes de ser padres?», me he preguntado yo infinidad de veces.

Aquella conversación terminó con el recuerdo de uno de los momentos más maravillosos e inolvidables de sus vidas. El día que nació Lara. Ya en el paritorio, en el pujo final, tras horas de contracciones, nervios e ilusión, mucha ilusión. Contra todo pronóstico, cuando la cabeza de Lara ya estaba casi asomando, de pronto, la ginecóloga, la doctora Puente, le dijo a Jesús:

—¿Quieres sacarla tú?

Jesús abrió los ojos tanto como pudo, llenó los pulmones de valentía y ni se lo pensó. Se acercó al lugar donde estaba el equipo médico, tomó aire una vez más, se puso los guantes que le dieron con una discreta torpeza admitida en tales circunstancias, se sentó en el taburete a escasos centímetros de la cabeza de su hija y miró a la ginecóloga decidido.

—Vamos a ello, Jesús. Voy a coger tus manos. Haz todo lo que yo te diga y en unos minutos tendrás a tu niña en brazos. A tu hija. A Lara.

Jesús levantó la cabeza y miró por última vez a su mujer por encima de sus piernas. Rosa, empapada en sudor, tirando de las barras con fuerza animal y resoplando, clavó la mirada en su marido mientras las lágrimas le nublaban la vista. Apretó fuerte los dientes y asintió lentamente con la cabeza. En la última contracción cerró los ojos y con un dolor literalmente desgarrador escuchó la voz de la ginecóloga, firme, cálida y llena de vida:

—Rosa, cariño, empuja con todas tus fuerzas. ¡Vamos, Jesús! ¡Ahora!

Estos son mis aprendizajes tras dos pospartos vividos en piel propia y tras miles de ellos en pieles ajenas:

1. **Estar triste, cansada, agotada y llorar es normal durante las primeras semanas.** No te sientas culpable por ello. A todas las madres nos pasa, pero ¿sabes qué ocurre? Que nadie nos lo cuenta. Cambiémoslo. Hablemos de ello.

2. **No sentir lo que se supone que has de sentir al coger a tu hijo en brazos también es normal.** No te culpes

por ello, no eres el raro, no eres la rara. No te preocupes. Pasará, y el día menos pensado verás a tu hijo como lo más maravilloso que has hecho y que harás en la vida.

3. **Intenta descansar en los ratos en que duerme el bebé.** Cuando él duerme, tú también. No es momento de hacer tareas de casa. Recuerda, la casa puede esperar.

4. **Si tienes que llorar, llora.** Llora a gusto. Llóralo todo. Yo también lo hice, todas lo hemos hecho. No pasa absolutamente nada. No te hagas tantas preguntas, no te exijas tanto. No es momento de tomar grandes decisiones. Deja que los días vayan pasando, uno a uno, hasta encontrarte mejor y comprobar cómo las piezas del puzle vuelven a encajar.

5. **Si no queréis recibir visitas, hacérselo saber a vuestros amigos y familiares antes del feliz acontecimiento.** Es vuestro momento, que nadie os lo robe. Vosotros tenéis la última palabra. ¿Aceptáis un consejo? Stop visitas. Solo aquellas que vengan con una fiambrera de comida bajo el brazo y dispuestas a ayudar.

6. **Sentir miedo es normal.** No se trata de no sentirlo, sino de que este no nos limite, no nos paralice y no controle nuestra vida.

7. **Firmemos un pacto: vamos a intentar hacerle la vida un poco más fácil a la «recién mamá», que es quien**

necesita todos los cuidados al llegar a casa. No os olvidéis de ella, por favor. Os necesita.

8. **Cuidad del «recién papá».** Él también está abrumado, asustado y perdido. Él es una pieza clave. Ni segundos ni terceros puestos, ni en la sombra, ni haciendo recados. Sois un equipo. Juntos.

9. **Comparte tu posparto.** Hazlo sin miedo. Al compartir, soltarás lastre, y quien te escuche puede que se sienta reconocido, y el mero hecho de sentirse reconocido ya es un gran consuelo. Sé generoso. Ve más allá, y cuando llegue el momento dentro de muchos años, prepara a tu hija y también a tu hijo. Yo lo haré. Sin duda.

10. **Si pasado el primer mes no ves la luz, si la tristeza, el agotamiento, el mal humor, los llantos y los conflictos ocupan tus días, busca ayuda.** No lo dejes pasar. Tu hijo se merece unos padres sanos, no solo física sino también emocionalmente. Si no te crees capaz, busca respuestas, pide ayuda. No estás solo. No estamos solos.

¡Adelante!

3

«EL DÍA QUE DECIDÍ VIVIR MI VIDA»

Cuando Noelia, con diecisiete años recién cumplidos, atravesó la puerta de su casa llorando desconsoladamente, se quería morir. «¿Cómo le voy a contar esto a mi madre? ¿Qué me va a decir? ¿Qué dirán en el pueblo? No puedo hacerle esto ahora con todo lo que ha pasado ya... ¿Qué debo hacer? ¿Por qué? ¿Por qué no puedo ser como el resto de mis amigas? ¿Por qué no?»

La joven Noelia entró en el salón mientras su madre limpiaba el polvo y, sin mediar palabra, rompió en un llanto desgarrador que hizo que su madre se asustara y corriera hacia ella con la intención, antes de nada, de abrazarla.

—Pero, hija, ¿qué ha pasado? —le preguntó Conchi acariciando su espalda como solía hacer cuando era una niña.

—Mamá, tengo que decirte algo. No puedo más —logró decir Noelia entre sollozos y suspiros.

—¿Qué ocurre, cariño? Me estás asustando —contestó su madre, separándose de ella, apoyando sus manos tiernamente sobre su cara mientras la miraba fijamente a los ojos.

—Mamá, me gustan las chicas —dijo Noelia aterrada.

—Pero, mi amor, ¿y? No eres ni la primera ni la última —le dijo su madre mientras le daba uno de los abrazos más largos y sentidos de su vida.

Tras varios minutos de lágrimas y miedos, de soltar un lastre de varias toneladas que arrastraba desde hacía meses, Conchi se separó nuevamente, la besó en la frente y le dijo:

—Hija, escúchame bien, yo lo único que quiero es que seas feliz.

Tras esas palabras y ese abrazo, Noelia no necesitaba más. Así que cuando su amiga Pamela le dijo cinco años después: «Quiero presentarte a una amiga que te va a encantar», no se lo pensó dos veces. Se dijo: «¿Por qué no?».

Noelia llegó nerviosa a la cafetería donde la esperaba su amiga y la desconocida de la que tanto había oído hablar.

—Fue un flechazo a primera vista, Lucía —me confesaron las dos al unísono diez años después.

—¡Oh, qué bonito! ¡Y qué fácil! ¿No? —contesté yo dejándome llevar por el romanticismo más inocente.

—¿Fácil? No exactamente —puntualizó Yolanda mirando con ternura a su mujer.

¡Y qué razón tenía! ¿Qué historia de amor es fácil? Seamos realistas.

—La primera vez que la vi —me contó Yolanda— me encantó. Pero al mismo tiempo me dije: «Pero ¿dónde voy yo con esta chiquilla? ¡Si le saco diez años! Esta chica no es para mí».

Yolanda, a sus treinta y dos años, era una transgresora, lesbiana desde que tenía uso de razón, apoyada y amada por una familia que la aceptó y la acompañó desde el mismo instante en el que ella, sin tener la necesidad de dar ninguna explicación, trajo a casa a la primera chica para que la conocieran.

—¿Y cuándo decidiste salir del armario? —le pregunté en una ocasión, muerta de curiosidad ante una mujer con una llamativa energía vital.

—¿Yo? Pero si yo nunca entré —contestó entre risas.

Sin embargo, bajo su apariencia de «Aquí estoy yo y no me importa que me miréis», habitaba una mujer frágil, vulnerable, que, por aquel entonces, hace ya más de diez años, vivía atrapada en una relación tan tóxica como envenenada.

A sus treinta y dos años ya creía haber vivido todo lo que se podía vivir, incluso lo que no se podía vivir, lo que de ninguna manera debe vivir una mujer. Su pasado y su presente le impedían darse una nueva oportunidad.

En el momento en que decidió tomar ese café con Noelia, Yolanda estaba anulada, machacada, arrasada por una relación de pareja que había acabado con su autoestima, con su amor propio, con su trabajo y que casi acaba con su vida. Con cada insulto, con cada golpe y con cada ataque, Yolanda, con todo lo grande que era, se hacía pequeñita. Algunas de sus heridas aún seguían abiertas a pesar del paso de los años.

Una noche, en el hospital, tumbada en una cama tras un fatídico accidente de tráfico del que Yolanda salió viva de milagro, Noelia, a sus veintidós años y profundamente enamorada de aquella mujer, la cogió de la mano y le dijo: «Yo te voy a sacar de ahí. Pero déjame ayudarte».

Y es que Noelia ya tenía muchas horas de vuelo en una vida que por momentos parecía un fuego cruzado de misiles. Cuando aquella noche le prometió a Yolanda que la sacaría de aquel infierno de violencia y maltrato en el que estaba viviendo, de pronto tuvo un *déjà vu*.

«¡Mamá, ya está bien! O denuncias tú a papá o lo denuncio yo», había gritado una joven Noelia de apenas catorce años, harta de ver cómo su madre era una más de los miles de mujeres que sufrían violencia de género desde el más oscuro y solitario anonimato.

Conchi denunció. Y así fue como Noelia, su hermana Inma y su madre empezaron una nueva vida juntas y sin miedo a vivir.

Así que no era de extrañar que, cuando unos años después Noelia le confesara entre lágrimas a su madre que era lesbiana, esta la abrazara tan fuerte como fue capaz y le dijera que lo único importante que había en esta vida era intentar ser feliz rodeada de personas que colmen tus días y tus noches de amor.

«¡Vámonos a vivir juntas!», le dijo una mañana Noelia a Yolanda. Y con la ilusión de empezar un proyecto de vida juntas, estrenaron su primera casa junto a la pequeña *Nela*, una gatita que con los años se convertiría en un miembro más de aquella recién formada familia.

—A mí me tenéis que dar una *choneta*, ¿eh, chicas? —les decía Conchi a su hija y a Yolanda cada vez que iban a casa a comer. Y añadía sonriente—: Sí, definitivamente quiero ser abuela de una niña preciosa que será vuestra hija.

—Pues más vale que sea niña, porque yo no quiero saber nada de pililas —bromeaba Yolanda cada vez que salía el tema de conversación.

La vida nos tiene entretenidos con distracciones varias que nos impiden centrarnos en lo verdaderamente importante hasta que de pronto, un día cualquiera, todo cambia y ya nunca vuelves a ser la misma persona. Son esas llamadas a la realidad, esas caídas del guindo, ese grito desesperado que te dice: «¡Despierta! ¡Despierta ya y haz el favor de vivir!».

A Noelia se le iluminaba la mirada cada vez que pensaba en ello. Siempre había tenido un gran instinto maternal, pero, como suele ocurrir en esta vida de locos que llevamos, nunca era el mejor momento para llevarlo a cabo. A la complejidad que resulta a veces la maternidad en cualquiera de nosotras, en su caso se sumaban todas las trabas técnicas y logísticas de su situación. Pero Noelia no se resignaba, sabía que algún día sería madre. Como también sabía que Yolanda estaría a su lado el día del parto, cogiéndola de la mano y besando la frente a su hija recién nacida.

Y ese momento le llegó a Noelia en el frío pasillo de un hospital que se había convertido en su casa durante los últimos días tras acudir a urgencias con su madre y terminar esta ingresada por presentar «un problema en la sangre».

—¿Un problema en la sangre? ¿A qué se refieren los médicos con eso? —preguntaba Yolanda, confusa ante una información dispar y escueta.

—No lo sé, cariño. No nos han dicho más —contestaba Noelia.

—Pero no puede ser. ¿No puede venir aquí alguien para que nos explique despacio y con un lenguaje comprensible para todos por qué lleva tu madre aquí ingresada todo el fin de semana?

Noelia, cansada de esperar una visita médica que no llegaba, salió al pasillo, y tras ver a lo lejos al doctor que llevaba el caso de su madre, se dirigió hacia él con paso decidido.

—Buenas. Disculpe. Verá, es que llevamos aquí ya dos días y aún no sabemos qué le pasa exactamente a mi madre —le preguntó Noelia al médico, a quien no parecía haberle hecho mucha gracia que le hubiese interrumpido el mensaje que estaba escribiendo en ese momento en su teléfono.

—Bueno, mira, a tu madre le queda como mucho un año de vida —disparó a bocajarro el médico ante una Noelia en *shock*.

¿Tantos años de estudio, tanto esfuerzo, tantos exámenes, tantas oposiciones, tantos cursos, tantos congresos, tanta experiencia entre aquellas paredes de hospital, tantas familias que habían pasado por sus manos, tantos pacientes, tantas lágrimas, tantas victorias, tantas derrotas, en definitiva, tantas vidas humanas y aquel señor le decía a Noelia en mitad de un pasillo que a su madre le quedaba un año de vida?

—El suelo se abrió bajo mis pies, Lucía —me confesó dos años después.

—¿Tanto había luchado mi madre para sacarnos adelante a mi hermana y a mí, tantas casas había limpiado para que no nos faltara de nada, tanto había sufrido, tanto había llorado para que a los sesenta y cuatro años su vida se le escapara en un año? —me decía Noelia emocionada recordando aquel momento. Y añadió con voz quebrada—: Pero lo peor estaba por venir. No fue un año. Fueron tres meses. Ni un día más.

Noelia, conmovida, apretando con fuerza los labios, cesó en su relato, y Yolanda cogió el testigo.

—Así fue. Tres meses. Jamás olvidaré lo que me dijo Conchi unos días antes de morir: «Yolanda, no dejes nunca a mi hija. Cuida de ella y dadme una nieta».

Conchi lo tenía todo preparado. Tras despedirse de la vida rodeada de los suyos, dejó dispuesto un sobre con una generosa cantidad de dinero fruto de años de ahorro. Dentro del sobre, una nota: «Esto es para que cumpláis vuestro sueño, una hija. Mi nieta».

—Y ahí, justamente en ese instante, Lucía —me decía Noelia conmovida—, lo vi claro. Ese fue el día que decidí vivir mi vida.

Cogimos el dinero que nos había dejado mi madre y nos fuimos a cumplir nuestro sueño, y también el de ella, traer un bebé a este mundo —dijo Noelia.

—Que conste que antes lo intentamos en la Seguridad Social, pero cuando nos sentamos allí delante de la ginecóloga y le contamos nuestras intenciones, nos dijo: «Bueno, muy bien. Tenéis el donante, ¿verdad?».

En este punto del relato, Yolanda y Noelia rompieron en una sonora carcajada. «Pues verá, doctora, si tuviese donante, no estaríamos aquí, ¿no cree?», contestó Yolanda sin perder la sonrisa.

Primera puerta cerrada; no pasa nada, no eran novatas en esto de los pasillos de la vida. No iban a desistir. Así que con las mismas fueron a un centro de reproducción asistida y, tras seguir todas las recomendaciones médicas, llegó el gran día de la inseminación.

—Muy bien, chicas. Ahora os vais a ir a casa, vais a hacer una vida tranquila y sosegada. No os hagáis ningún test de embarazo, y el próximo lunes venís a una extracción de sangre donde determinaremos la beta, una hormona que se eleva rápidamente en caso de embarazo.

Ilusionadas y con una sonrisa perpetua, salieron de la clínica con el firme convencimiento de que lo iban a conseguir. Pero la espera se hacía demasiado larga, así que un día Yolanda apareció por casa con una prueba de embarazo.

—Toma, anda, háztelo ya, que estoy en un sinvivir.

—Pero si nos dijo la ginecóloga que no lo hiciéramos —replicó Noelia tumbada en el sofá.

—¿Qué más da? Tenemos la cita mañana. Si estás embarazada, ya lo sabremos y así no vamos tan nerviosas.

—Bueno, está bien —aceptó Noelia.

Segundos que parecen eternos. Las dos en silencio mirando fijamente la rayita roja, esperando que en cualquier momento apareciera la segunda marca que anunciara la buena nueva. Instantes en los que parece que te va la vida en ese diminuto instrumento. Noelia pensaba en su madre, en transmitir ese inagotable espíritu de lucha que le había dejado de legado y en convertirse ella misma en madre. Tras varios minutos con la mirada clavada en el test, Yolanda habló:

—No tiene sentido esperar más, cariño. Es negativo —sentenció poniendo su mano sobre el hombro de una decepcionada Noelia.

—Intento fallido —acertó a decir Noelia.

Sabían que no iba a ser fácil…

A la mañana siguiente desayunaron en un inhabitual silencio, cada una con su café y su pena. Aunque habían desobedecido las órdenes médicas y ya sabían la respuesta, debían acudir a la clínica según les habían pautado.

El silencio las acompañó durante todo el trayecto, durante la extracción de sangre para recibir una vez más la mala noticia y hasta la misma puerta de la consulta de la ginecóloga.

—Por favor, podéis pasar —les dijo una amable enfermera.

Noelia y Yolanda entraron con una fingida sonrisa postiza. Antes de darles la oportunidad de sentarse en la silla, la ginecóloga las miró sonriente, muy sonriente, miró el resultado de la analítica que tenía sobre la mesa, se levantó y abriendo sus manos en señal de bienvenida les anunció:

—¡Enhorabuena, chicas, estáis embarazadas!

Yolanda se llevó la mano a la boca, mirando confusa a todas partes en busca de una explicación lógica. Estaba en estado de *shock*. Noelia, sin embargo, rompió en un llanto liberador.

Bajaron las escaleras de la clínica de dos en dos, felices, exultantes. Entraron en el coche y en el mismo aparcamiento hicieron dos llamadas.

—A mi hermana Inma y a nuestra mejor amiga, Damaris. Eran las únicas que sabían que ese día iríamos a por los resultados. Lo habíamos mantenido en secreto en todo momento. Pero ellas formaban parte de nuestro proyecto de vida desde el principio, desde siempre, incondicionalmente, y sabíamos que estaban tan nerviosas como nosotras. Fue un momento absolutamente feliz —me decía Noelia con lágrimas en los ojos.

Una vez en el coche, con el maletero lleno de ilusión, de futuro y de vida, se liaron la manta a la cabeza y, en un arranque de improvisación, Yolanda dijo:

—Vamos a casa, hacemos una pequeña maleta y nos vamos a Barcelona a decírselo a toda mi familia. ¿Qué te parece? ¡Sorpresa!

A Noelia, que no había dejado de llorar ni un solo minuto desde que la ginecóloga le anunciara su futura maternidad, le pareció una idea estupenda.

Dicho y hecho. En seis horas, con la emoción de dos niñas pequeñas la mañana de Reyes, llegaron a Barcelona, no sin antes parar en un centro comercial para comprar un pequeño *body* de bebé y envolverlo en papel de regalo.

—Mamá, estamos llegando a Barcelona. Nos quedamos un par de días —le dijo Yolanda a su madre por teléfono minutos antes de aparcar el coche.

—Pero, hija, ¿cómo? ¿Que estáis aquí? ¿Y eso? ¿Va todo bien? Ay, cariño, déjame que baje a comprar algo para hacer una buena comida —contestó Esperanza con cierto desasosiego, pero feliz de poder abrazar a su hija de nuevo.

Desde que Yolanda había abandonado su Barcelona natal, Esperanza no la veía todo lo que le gustaría y tenerla en casa siempre era motivo de alegría. Así que, sobre la marcha, llamó a sus otras dos hijas, Montse y Sandra, para improvisar una comida. Sus tres niñas juntas; ¿habrá mayor motivo de alegría para una madre?

Cuando, alrededor de aquella mesa, Yolanda les entregó el que iba a ser el primer *body* de su hija, las lágrimas inundaron la sala. Se abrazaban, se besaban, lloraban... Lloraron todas sus batallas, todos los golpes con los que la vida los había intentado abatir, lloraron las pérdidas, los sacrificios, los insultos, los prejuicios; lloraron la intolerancia de una sociedad que parecía despertar hacia algo diferente, algo más bonito, generoso y pleno; lloraron a la vida, a Martina, el nuevo miembro de aquella maravillosa familia.

—Mira, Lucía, con los años he aprendido que de todo se sale, que todo se supera si uno le echa garra. Ahora que nuestra adorada Martina ya ha cumplido un año, me he dado cuenta de que los problemas los generan los adultos, no los niños. Nuestra hija tiene dos mamás, ¿y qué? Somos dos personas al fin y al cabo, dos personas que nos queremos, que buscamos lo mejor para ella, que pretendemos lo que cualquier padre o madre pretende, llenar sus días de amor y respeto —me confesaba Yolanda con voz firme, mirándome fijamente a los ojos.

—Así es —añadía Noelia con su luminosa sonrisa—, todos pasamos por malos momentos en la vida. El color rosa no existe, pero ¿por eso una ha de lamentarse, tirar la toalla, esconderse? No. Nosotras estamos aquí para ser felices, ni más ni menos. ¿Alguien tiene algo que decir?

Y mientras compartía esta inspiradora conversación con dos mujeres de bandera, observé que ambas tenían un pequeño tatuaje en su antebrazo. Les cogí el brazo con delicadeza y los miré detenidamente. Yolanda llevaba el símbolo del infinito, a su lado el nombre de Martina y dos diminutas huellas de su gata *Nela*, a quien habían tenido que sacrificar tres meses antes de nacer la niña tras siete maravillosos años juntas. *Nela*, fiel testigo de esta historia de principio a fin y compañera de viaje de Yolanda en los momentos más difíciles de su vida. Noelia, por su parte, también tenía el símbolo del infinito tatuado, el nombre de su hija Martina y, a su lado, unas pequeñas alas.

—¿Y estas alas? —pregunté curiosa.
—Representan el ángel de la guarda de Martina, mi madre.

Y así, con esa imagen, recuerdo a estas dos mujeres de las que tanto he aprendido. Porque uno piensa que su vida ha sido intensa hasta que sales ahí fuera y vives, sientes y hasta hueles otras vidas, otras batallas, otras guerras, y en un intento de ponerte en sus zapatos, te preguntas qué hubieses hecho tú en sus circunstancias.

Hace unos días se lo decía a un amigo que lidia con su lucha personal: «Mira, la única posibilidad que uno tiene de ser feliz es echándole valor a la vida. Uno no se puede conformar con lo que tiene o con lo que le llega o con lo que le ha tocado si eso no le hace feliz. Uno ha de ser valiente y salir ahí fuera, aunque creas que hay un abismo bajo tus pies, aunque con cada paso sientas que caminas por arenas movedizas, aunque la luz se vaya a ratos... El miedo puede paralizarte durante un tiempo, pero, pasada esa fase de reconocimiento del terreno, hay que tomar aire y avanzar. Hay que aprender a volar y hay que buscar. Hay que luchar y pelear duro por conseguir momentos de felicidad que al final hagan que tu vida realmente merezca la pena».

Sin ninguna duda, Yolanda y Noelia lo han conseguido. Lo han hecho. Y en ello siguen, porque ni fue, ni es, ni será fácil. Pero ellas tienen algo que muchas de las personas que nos rodean no tienen, son libres.

«El día que decidí vivir mi vida», se repitió Noelia hasta la saciedad tras perder a su madre.

Y así ha sido. Y mientras escribo esto y escucho la canción *Déjame vivir,* de Jarabe de Palo y Chambao, os tengo que decir que lo habéis conseguido. Vosotras lleváis las riendas de vuestra vida y eso es muy grande... Eso hace que junto a Martina y ese reducido círculo de incondicionales que tenemos la suerte de conoceros lleguéis allá donde os propongáis. Siempre. Libres.

Cuando llegué a mi casa tras comer con estas dos mujeres, me senté frente a mis hijos y les dije:

—Niños, antes de contaros con quién he comido hoy, os voy a leer el primer punto y el último de la Declaración de los Derechos del Niño aprobada en el año 1959 de manera unánime por la ONU.

—¿Eso qué es, mamá? —preguntó mi hija mirando extrañada a su hermano.

—Escuchad. «Principio uno. El niño disfrutará de todos los derechos enunciados en esta declaración. Estos derechos serán reconocidos a todos los niños sin excepción alguna ni distinción o discriminación por motivos de raza, color, sexo, idioma, religión, opiniones políticas o de otra índole, origen nacional o social, posición económica, nacimiento u otra condición, ya sea del propio niño o de su familia.»

—O sea, que todos somos iguales —puntualizó Carlos.

—Todos, cariño, todos. Y ahora escucha el décimo principio. «El niño debe ser protegido contra las prácticas que puedan fomentar la discriminación racial, religiosa o de cualquier otra índole. Debe ser educado en un espíritu de comprensión, tolerancia, amistad entre los pueblos, paz y fraternidad universal.»

—Discriminar…, eso es apartar a alguien porque no piensas como él, ¿no? —preguntó Carlos.

—Exacto. Y ahora os voy a contar la historia de la pequeña Martina y sus dos mamás.

4

¿Y SI NO LLEGA? ¿Y SI NO PODEMOS TENER UN HIJO?

Vanessa salió de la clínica abatida, ahogada en un llanto desconsolado. De pronto frenó en seco, se plantó delante de su marido y le dijo:

—Conmigo no vas a ser padre.

Domingo la abrazó tan fuerte como fue capaz, se separó dulcemente, apoyó sus manos sobre sus hombros y le contestó mirándola fijamente a los ojos:

—Mi felicidad es la tuya y, si tengo hijos, los tendré contigo.

Trece años antes…

—Mira lo que te digo, Richi, quiero una cita a ciegas con Domingo —dijo una joven Vanessa de veintidós años irrumpiendo en el despacho de su compañero, con su larga melena rubia y sus ojos azules encendidos en impaciencia.

—¡Pero, chica! ¡Tranquila! ¿Y eso? —le contestó él.

—Pues porque llevo tres años hablando con él por teléfono. Ya sabes que para hacer los pedidos solo quiere hablar conmigo, y su voz…, ¡ay su voz! Su voz me puede.

Richi la miraba por encima de la pantalla del ordenador, sonriendo y moviendo la cabeza hacia ambos lados.

—Estás loca —sentenció.

Loca o no, Vanessa consiguió su cita. Efectivamente, llevaban casi tres años hablando por teléfono de temas laborales. Ambos trabajaban en sendas empresas de transporte y se pasaban media jornada colgados del teléfono. Desde el primer día que Domingo habló con Vanessa, ya no quería que nadie más le atendiera.

—Era ágil, rápida, resolutiva, y me encantaba ese ratito de las mañanas que hablábamos, aunque solo fueran unos minutos. Me tenía enganchado —me confesó más de una década después.

A esa primera cita le siguió una segunda cita, y una tercera, y a los tres meses de conocerse, Domingo le dijo: «Eres la mujer con la que llevo soñando toda mi vida. Cásate conmigo».

A los once meses de poner cara a la voz con la que hablaba todas las mañanas, Vanessa atravesaba la puerta de la iglesia, vestida de blanco, en la boda de sus sueños, en el sueño de su vida.

—Siempre he tenido un gran instinto maternal. Tenía claro que quería ser madre joven, así que una vez cumplidos los veintitrés nos pusimos a ello. Hasta ese momento, todo nos parecía idílico, una película, una historia de amor legendaria. Sin embargo, la vida nos tenía preparado el plato fuerte —me decía Vanessa hacía unos días—. Desde el mismo instante en el que empezamos a intentarlo, yo percibía que algo no iba bien, sabía que las cosas no estaban yendo como debieran. ¿Sabes ese sexto sentido, Lucía?

¡Y cómo la entendía! Hay tantas cosas a las que no les hemos encontrado aún una explicación, pero que uno siente como reales. Tanto es así que incluso tienes la certeza de que es así, sin necesidad de consultarlo con nadie, ¿verdad? Pues Vanessa tenía esa certeza. Y no, no se equivocaba.

—Mira, Vanessa, tienes una endometriosis —les dijo la ginecóloga mirándolos dulcemente—. Es probable que tengas que someterte a alguna intervención quirúrgica. Si deseáis tener hijos, debo anunciaros que vamos a tener dificultades.

Vanessa era una mujer de rompe y rasga. En ningún momento se le pasó por la cabeza que no iba a ser madre.

—Pero ¿cómo no voy a tener yo hijos? De ninguna manera. Esa posibilidad no existe. ¡Yo voy a ser madre! —afirmó al salir del hospital.

Domingo, con sus ocho años más de experiencia de vida y

con la serenidad que le caracterizaba, era el encargado de poner el toque de realidad, cordura y prudencia a la situación.

—Bueno, cariño, tranquila. Haremos lo que nos dicen y ya veremos qué ocurre. No te agobies. Yo solo quiero que estés tranquila.

—Pero vamos a ver, Domingo, que te estoy diciendo que voy a ser madre sí o sí —le espetó Vanessa mientras buscaba atropelladamente las llaves del coche en el bolso.

Y ese día empezó su viaje. Un largo y agotador viaje en el que la montaña rusa más alta del planeta resultó una pequeñez al lado de lo que a Vanessa y Domingo les tocó vivir.

—Mira, Lucía, yo tenía claro que iba a ser madre, así que en seguida me puse manos a la obra. Ni lamentaciones ni dramas. ¿Tenía que operarme? Pues me operé. A los pocos meses, ¿me tenían que reintervenir? Pues adelante. Habíamos empezado ese camino y, hasta que no saliéramos del hospital con nuestro bebé en brazos, no pensaba parar —me dijo Vanessa contundentemente.

Domingo escuchaba a su mujer con atención, con admiración y asintiendo con la cabeza. Sin embargo, en un descuido se le escapó un suspiro. Mis ojos se clavaron en los suyos. Arqueando las cejas con una sonrisa cálida y ladeando mi cabeza, le dije:

—¿Y tú, Domingo? ¿Cómo lo vivías?

—Uf…, fue difícil, Lucía. Mi mujer tiene una fuerza increíble. De hecho, fue eso lo que me enamoró. Pero al mismo tiempo necesitaba que alguien canalizara toda esa energía, de lo contrario nos llevaría por delante. Mira, con el corazón en la mano te diré que yo no tenía el instinto que tenía ella. No tenía hijos, no podía echar de menos algo que desconocía y no tenía esa necesidad imperiosa de ser padre. Yo solo quería verla feliz, con hijos, sin ellos, pero feliz. Y en aquel entonces no lo era. Así que empecé a hacerme todo el estudio convencido de ello, sabiendo que ese era el único camino para conseguir que Vanessa fuese plenamente feliz.

Me emocioné al escuchar sus palabras sinceras.

«Un gesto de amor incondicional, un gran acto de generosidad», pensé.

Y me acordé de mi madre cuando me decía: «Hija, huye de los egoístas. Generosidad es lo que necesita este mundo. Verás egoísmo en pequeños gestos que creerás insignificantes, pero no lo son. Conocerás a personas egoístas, huye. No hay nada que desprecie más en las personas que el egoísmo. La generosidad nos engrandece, hija, no lo olvides nunca».

Sin perder más tiempo, tras la segunda operación de Vanessa, empezaron con las pruebas y los tratamientos. Tras varios meses inyectándose hormonas, mientras sufría los efectos secundarios a cada cual más molesto, al fin llegó la primera inseminación artificial.

—¡Estábamos tan emocionados los dos! La energía llenaba aquella sala, estábamos felices. Me habían tenido que operar dos veces, había cogido más de diez kilos que luego se convirtieron en veinte, tuve que aprender a pincharme todos los días y mi barriga parecía un colador. Me costaba mirarme al espejo y ver esos kilos de más con todos esos hematomas, pero ya nada de eso importaba. ¿Qué podía salir mal? —me decía Vanessa—. Nos fuimos a casa aquella mañana como dos adolescentes. Cogidos de la mano y convencidos de que estábamos a punto de llegar a la meta…

Sin embargo, esa ilusión, esa sensación de haberlo recorrido todo no duró mucho tiempo. De golpe y porrazo se vino abajo, desapareció. A los quince días acudieron al hospital y sin rodeo alguno le dijeron que no estaba embarazada.

—Recuerdo esa primera vez. Esa sensación de vacío. Estaba tan convencida de que estaba embarazada… —me confesaba Vanessa emocionada—. Llegamos a casa y yo lloraba y lloraba y lloraba.

Domingo, una vez más, ese día como todos los que vinieron a continuación, la cogió fuerte de la mano y tirando de ella le dijo:

—Cariño, seguimos adelante. Sabíamos que esto podía suceder, así que venga. Empezamos de nuevo.

Y así fue. Tras llorarlo todo, a la mañana siguiente ambos se levantaron fuertes y dispuestos a llegar hasta el final.

Segundo intento. Fallido.

Tercer intento. Fallido.

Cuarto intento. Fallido.

Quinto intento. Fallido.

Como dicen por ahí, «las desgracias nunca vienen solas», ¿no? ¡Cómo detesto este tipo de frases! Parece que, cuando te ocurre algo malo, debemos esperar que sigan ocurriendo catástrofes. Si no ocurren, directamente se nos olvida, y si a la tormenta se le une un huracán, entonces no hacemos más que darle la razón al dicho, nos lamentamos y esperamos el siguiente golpe. Y en este caso así fue. Lo que nunca imaginó Vanessa es que el golpe que recibiría supondría un antes y un después en todo este viaje.

Una tarde de invierno, con el calendario en mano, contando semanas y revisando la medicación que debía comprar, sonó el teléfono.

—Hermana, me acaban de diagnosticar un cáncer en el riñón. Pinta mal —le dijo Carlos, el hermano mayor de Vanessa, con su habitual serenidad, con la tranquilidad con la que siempre le había hablado a su hermana pequeña, con la rotundidad de un hombre que había hecho las veces de hermano y padre a partes iguales.

—Carlos, lo superaremos, hermano. ¡A luchar! ¡A luchar duro!

Y luchó, claro que luchó, cuerpo a cuerpo contra la muerte. Pero perdió. Antes de la tercera inseminación, Vanessa se vestía de negro para enterrar a su hermano. Seis meses duró desde aquella llamada.

Crees que no puedes llorar más y puedes.
Crees que no te quedan más lágrimas.
Te quedan. Crees que las fuerzas, las ganas
y la vida se te van. No se van. No se iban.
No se fueron.

—Llevábamos tres años subidos en aquella montaña rusa. Hubo momentos realmente agotadores, desesperanzadores y tristes —me decía Domingo—. Estábamos obsesionados. «Vida sana», nos decían. Así que yo salía a correr todas las mañanas; deporte diario para que mis espermatozoides estuvieran fuertes y sanos. Nada de alcohol, ni una cerveza. Dormir ocho horas y comer saludable. Paseábamos por la calle y solo veíamos embarazadas. Era una pesadilla.

Vanessa seguía fuerte, inquebrantable. «Voy a ser madre, voy a ser madre», se repetía una y otra vez. Su maternidad se había convertido en su único objetivo.

—A mi deseo de tener un hijo se sumó la necesidad vital de llenar el vacío que me había dejado mi queridísimo hermano Carlos. No podía con tanto dolor, con su ausencia, con su muerte inesperada, rápida, fugaz e injusta. Necesitaba dar vida. Necesitaba vida.

Y como ocurre en estos casos de lucha titánica, en ocasiones, cuando vives inmerso en tu batalla, te olvidas de lo que hay a tu alrededor, dejas de ver, dejas de escuchar, dejas de sentir. Tu deseo es tan fuerte y poderoso que al avanzar arrasas con todo.

—¡Solo me quieres para esto! —explotó en una ocasión Domingo—. Ya no hacemos el amor. Ya simplemente es contar días, restar días, hacer test de embarazo, llenar botes y botes y botes…, viajes de idas y venidas al hospital. ¡No puedo más!

Vanessa le miró fijamente, avanzó hacia él, le abrazó y le besó como se besaban de novios, por el puro placer de besar.

Poco se habla de las parejas que se embarcan en este viaje. Miedo al rechazo, a no conseguirlo finalmente, a los comentarios, al qué dirán, a sentirte señalado por una sociedad que parece tener vidas perfectas con hijos perfectos. No se comparten estas experiencias por el aplastante sentimiento de culpa al no ser capaz de tener un hijo por tus propios medios, por pudor, frustración, decepción, inseguridad, incertidumbre, sensación de fracaso… Es tanto por lo que se pasa y tan poco lo que se habla de ello. Es más, todo el mundo se centra en la mujer, que sin duda es la que más lo sufre y la que asume todos los riesgos, no solamente físicos, sino también emocionales. Todas las batallas generan un coste, esta también. Pero ¿qué ocurre con el hombre, con el futuro padre?

—Llegó un momento en el que me bloqueé absolutamente. La mañana que teníamos que llevar la muestra de esperma para mí era un suplicio. No era capaz. Tanto es así que, a las siete de la mañana, nada más tomar el café, le decía a Vanessa:

«Baja al garaje y espérame allí. Necesito estar solo». Y eso hacíamos. Ella me esperaba en el coche y yo, como un autómata, como un robot, hacía lo que me habían pedido. Lo que debía hacer. Llenar el bote.

Vanessa no desfallecía, tenía claro su objetivo. Y en su afán de dar un paso más y de adelantarse a los acontecimientos, se puso en contacto con una agencia de adopción internacional.

—Necesitaba tener un plan B. Los años iban pasando. Los años, Lucía, los años. Así que fuimos a una primera reunión para adoptar a un niño ruso y nos gustó. Yo seguía albergando la esperanza de tener un hijo biológico, pero el tener algo a que aferrarme era vital para no caer por el precipicio.

¡Y cómo la entendía! Porque yo soy una mujer que vivo al día, pero al mismo tiempo hago pequeñas incursiones en el futuro próximo para tener cubiertas todas las posibilidades. Y no es que viva en el mañana, en absoluto, hace mucho tiempo que dejé de construir castillos en el aire para que luego en la primera ventisca se esfumen. Mi mentalidad práctica y resolutiva me pide, me exige valorar todas las alternativas cercanas y tener siempre una vía de escape, una puerta por la que salir airosa e indemne.

Tras cinco inseminaciones artificiales fallidas y cuatro años de montaña rusa, llegó el momento de dar un paso más.

—Es momento de probar con la fecundación *in vitro*. Las posibilidades aumentan considerablemente. ¿Empezamos? —les dijo una amable ginecóloga.

—¡Empezamos! —dijeron Vanessa y Domingo como si fuese la primera vez que se sentaban en aquella silla.

Uno nunca sabe de dónde saca las fuerzas hasta que se da cuenta de que o las saca o se hunde. No hay más. Y Vanessa no pretendía hundirse, de ninguna manera. Tenía un sueño por cumplir y eso estaba por encima de todo lo demás.

—¡La primera transferencia de óvulos ya fecundados fue tan emocionante! —me decía Vanessa con sus ojos azules muy abiertos—. De nuevo recuperamos la ilusión. Yo sabía que esta sería la definitiva. Lo sentía así.

Sin embargo, Domingo no lo tenía tan claro. De los dos, él era el encargado de frenar a Vanessa. Alguien tenía que hacerlo. No se puede vivir en una fórmula uno todo el día.

—Tras cada una de las inseminaciones, ella creía estar embarazada, tenía todos los síntomas: se notaba la barriguita, los pechos congestionados, algo de malestar digestivo…, todo, lo sentía todo. Y luego nunca estaba. No podía permitir que se dejara llevar de nuevo por esa ilusión desmedida que casi acaba con ella tras el quinto intento fallido. Con sumo cuidado y sin dejar de pensar en ella un solo minuto, intentaba bajarla al mundo real para que pisara tierra firme.

¡Y qué razón tenía Domingo!

Primera fecundación *in vitro*: transferencia de embriones perfecta. Embarazo negativo.

Segunda fecundación *in vitro*: transferencia de embriones perfecta. Embarazo negativo.

—No sé cuántos test de embarazo llegamos a comprar, no sé cuántas lágrimas derramé en cada uno de ellos, no sé cuántas mañanas me levanté diciendo: «No te rindas, Vanessa, no te rindas». No sé cuántas veces caí para luego levantarme, no lo sé... Lo que sí sé es que Domingo estuvo a mi lado en cada una de ellas. En todas. Era una roca. Era lo que yo necesitaba en esos momentos... Hasta que llegó la tercera fecundación *in vitro*.

Tras más de cuatro años de tratamientos, de pronto una mañana cualquiera, Domingo escuchó gritos en el baño.

—¿Qué ocurre? —preguntó asustado.

Vanessa, con los ojos llenos de lágrimas y su mano derecha cubriendo sus labios, le mostró las dos rayitas que anunciaban por primera vez un embarazo.

Domingo abrazó a su mujer. Como dos niños pequeños empezaron a dar saltitos abrazados, pasando de la risa al llanto y del llanto a la risa. ¡Lo habían conseguido! Por fin lo habían conseguido.

—Cuando fui capaz de articular palabra, cogí el teléfono y llamé a mi madre, Juventina. Ella, que tanto había sufrido a mi lado, en silencio como lo hacen todas las madres. Mi madre, mujer luchadora que nos sacó adelante ella sola, sin quejarse jamás, sin la ayuda de nadie, sola pero fuerte, y que lloraba a escondidas con cada uno de mis embarazos no logrados desde hacía ya más de cuatro años. Que, además, contra natura, tuvo que enfrentarse a la situación más dura que puede vivir una madre, enterrar a un hijo, mi hermano. «Mamá, mamá…, que lo he conseguido, que estoy embarazada», le dije a mi madre hecha un mar de lágrimas de felicidad.

¡Qué liberador es hablar con una madre! Siempre están, para lo bueno, para lo malo, para darnos ese empujón y alzarnos en vuelo, para recoger todos y cada uno de nuestros trocitos y reconstruirnos con mimo cuando nos caemos, cuando nos rompemos… Esa serenidad que tienen ellas y que nosotras anhelamos. Ese «ojalá pueda parecerme un poco a ella» cuando miramos a nuestros hijos y no sabemos qué camino elegir.

Y en este momento del viaje de Vanessa y Domingo, su vida cambió de nuevo. Caminaban por la calle abrazados, ilusionados de nuevo, felices. Acudían a cada control con el ginecólogo con la excitación infantil de hacer algo verdaderamente apasionante. Tras varias ecografías en las que todo iba como ruedas, ya nada podía salir mal. Habían pasado la barrera de las doce semanas y ya empezaban a verle la carita a su hijo. Era un niño.

—Cariño, a la eco de la dieciséis tendrás que ir con tu madre. Ese día tengo trabajo y me resulta imposible cambiarlo —le dijo Domingo aquella mañana.

—No te preocupes, en cuanto salga te llamo y te mando las fotos. ¡Ya se le verá parte de la carita!

Como en cada revisión, Vanessa se tumbó en la camilla y, muy sonriente y expectante, se levantó la camiseta. Sintió el frío gel sobre su barriga, ese gel que supondría la ventana para poder ver el diminuto cuerpo de su hijo. El ginecólogo, un hombre de mediana edad, serio y sistemático en su trabajo, empezó.

—De pronto sentí una punzada en el corazón, Lucía. Vi su cara, sus gestos, su mano moviéndose demasiado deprisa por mi barriga. No decía nada. Parecía buscar algo. Fruncía el ceño. No me miraba a los ojos. No sonreía. Yo, aterrada, miré a mi madre. Algo no iba bien. Sentí el pavor en sus ojos también y de repente lo dijo.

—No late el corazón —soltó a bocajarro.

—¿Cómo? —preguntó una Vanessa en estado de *shock*.

—Que no late el corazón —repitió el doctor.

—Pero… no puede ser. Mírelo bien, por favor —fueron las últimas palabras que acertó a decir Vanessa antes de romper en un llanto desolador.

—Está claro. No late el corazón. Son cosas que pasan… —sentenció el ginecólogo.

—¿Son cosas que pasan? Pero ¿usted sabe por lo que yo ya he pasado? ¿Me está diciendo que mi hijo está muerto? ¿Que no hay nada que hacer? ¿Y que son cosas que pasan? —decía Vanessa mientras la enfermera le ponía la mano en el hombro y le daba pañuelos de papel.

—Bueno, ahora tienes que bajar a Urgencias con este informe para que te ingresen. Tenemos que sacarlo de ahí. Mañana todo esto habrá acabado, tranquila —dijo el ginecólogo levantándose de la silla y quitándose los guantes.

Vanessa no daba crédito. Abatida, llorando mientras su madre trataba de mantener la calma, salió de la consulta y llamó a Domingo.

—No late. Ven. Por favor.

—Y en ese instante empezaron las veinticuatro horas más espantosas y aterradoras de nuestras vidas —me confesaba Domingo con los ojos llenos de lágrimas.

—Nos ingresaron en una habitación, allí los dos solos. Sin nadie. Teníamos que parir. Sin más. Goteros, contracciones, dolor, soledad, angustia, miedo y, de repente, dolor desgarrador, gritos, sangre, nuestro hijo ahí, tan pequeño…, y pena, mucha pena. Son imágenes, sonidos y olores que uno jamás olvida. Salí del hospital con mi barriga, pero sin mi hijo. Y fue en ese momento en el que por primera vez me dije: «Vanessa, te estás quedando sin fuerzas». No había visto llorar hasta ese momento a mi marido. Verle allí derrumbado, llorando sin consuelo, con tanta rabia, tanto dolor y tanta pena, me partió en dos.

Nadie habla de los abortos. Hay un silencio no pactado en torno a este tema. Un silencio doloroso que deja unas heridas que difícilmente cicatrizan. Estás en la planta de maternidad y, como bien dice la palabra, ahí hay madres y hay hijos. Y mientras tú asistes a la pérdida de tu bebé, escuchas los llantos del resto de los niños. Llantos de vida. Pero tú te tienes que ir de allí, eso no es para ti. Y te vas vacía, como decía Vanessa, «con tu barriga pero sin hijo». Tu habitación es la única que no tiene flores, la única donde no hay decenas de familiares a la puerta, la única en la que el silencio solamente es interrumpido por el llanto. Los pocos que por allí pasan lo hacen para darte el pésame. Estás en la planta que más vida tiene de un hospital, en la que más salud y felicidad se respira, y a ti te están dando el pésame. Ni siquiera los profesionales sanitarios saben qué decirte. No es falta de empatía, es falta de palabras. No hay palabras que acompañen tanto dolor. No las hay.

Y es en esta circunstancia, tras años de lucha y ocho intentos fallidos, cuando uno dice: ¿Hasta cuándo? ¿Dónde está el límite? ¿Cuándo debemos parar? Hace tiempo que has dejado de escuchar a la naturaleza humana para ponerte en manos de la ciencia. Pero la ciencia a veces falla, a veces se equivoca. Y la ciencia no te mira de frente para decirte: «Se acabó. No vas a quedarte embarazada». No, no te lo dice, porque siempre hay más pasos que dar.

Y Vanessa y Domingo, tras pasar su duelo, decidieron seguir avanzando. Hubo una cuarta fecundación *in vitro* en la que, además, el test de embarazo dio positivo. De nuevo lágrimas de alegría, llanto, felicidad y llamada de teléfono a mamá.

«Sintiéndolo mucho, chicos, no hay embrión. Ha sido una falsa alarma», les dijeron. Con las mismas volvieron a casa con sus siete años de batalla a sus espaldas buscando ese bebé. Se miraron y, fuertes, se dijeron al mismo tiempo: «¡Seguimos!». Y siguieron.

Quinta fecundación *in vitro* fallida. En esta ocasión, ningún óvulo sobrevivió. Fin del trayecto. La ginecóloga sentó a Vanessa y Domingo y les dijo firmemente: «No lo hemos conseguido. Vanessa, no vas a ser madre biológica. Suerte en la adopción». Esas palabras siguen retumbando en su cabeza alguna que otra noche.

—No tuve tiempo para hundirme. Aún me quedaban fuerzas. Yo iba a ser madre, de una manera o de otra iba a ser madre. Así que centré todas mis energías en la adopción. Empezamos a ir a todas las reuniones, hicimos todas las entrevistas, vinieron psicólogos y trabajadores sociales a casa, y de pronto llegó la noticia: «Tenemos un niño para vosotros. Es ruso y tiene dos años y medio».

Pero la organización cometió un grave error. Normalmente no mandan la foto del niño hasta que no confirmas la adopción, y antes de confirmarlo has de leer su historial médico.

A Vanessa y Domingo les mandaron el devastador historial médico de aquel niño y, con todo ello, la foto. Con las enfermedades neurológicas y respiratorias que tenía, su esperanza de vida no era superior a unos pocos años.

—¿Sabes lo difícil que fue rechazar a aquel niño tras haberle visto la cara? Era la primera vez que la decisión estaba en nuestras manos. Y ya no solo la nuestra de convertirnos en padres, sino la de darle una oportunidad de vida a aquel niño... Aún veo su cara a veces, Lucía —me contó Vanessa visiblemente emocionada.

—Aquello fue un punto de inflexión —añadió Domingo—. Teníamos que esperar a que nos avisaran cuando hubiese otro niño disponible, así que, ¿qué hicimos? —me preguntó con una sonrisa traviesa.

—¿Qué hicisteis? —le pregunté con ansia de saber.

—Fácil. Nos dedicamos a recuperar nuestras vidas. Empezamos a salir con amigos de nuevo, a tomarnos nuestras copas, a ir por ahí a bailar, a trasnochar… Yo dejé de hacer deporte porque estaba ya cansado de aquella rutina impuesta, incluso empecé a fumarme algún que otro cigarrillo —me confesaba Domingo entre risas.

Y en los siguientes meses, Vanessa y Domingo rescataron la vida que habían metido en una caja siete años atrás. Siete años, que se dice pronto.

—Fueron unos meses liberadores. Fue una época de reírnos, de salir mucho, de disfrutar y de reencontrarnos. Fue maravilloso —decía Vanessa mientras le cogía la mano a su marido.

Y en una de esas noches de fin de semana en la que sus agendas echaban humo de la cantidad de planes que tenían organizados, Domingo le dijo a Vanessa:

—Cariño, hazte un *predictor,* que esta noche he reservado en una marisquería y nos vamos a beber hasta el agua de las macetas.

Ella, escéptica y entre risas, se lo hizo. Como siempre, dio negativo. Sin pensar más en ello, se puso guapa, se subió en sus tacones, se pintó los labios y se fue a cenar con su marido.

—Fue una gran noche —me dijeron con sonrisa pícara los dos.

—La sorpresa fue mayúscula cuando dos semanas después, ante un retraso de la regla, abrí uno de los miles de test de embarazo que andaban por casa y de repente lo vi: ¡dos rayitas!

Vanessa empezó a gritar, a saltar y a llorar de alegría ante un Domingo atónito. Uno puede pensar que, después de tantos avatares, esta noticia te la debes tomar con cautela y sosiego, ¿verdad? Pues la realidad es que ellos estaban tan felices e ilusionados como la primera vez. De golpe y porrazo, los siete largos años de lucha habían quedado encerrados en el desván de los horrores.

Y mientras Vanessa llamaba una vez más a su madre, Domingo cogía el teléfono y marcaba el número de Fina: «Mamá, tenías razón. ¡Esta historia solo se merecía un final feliz!».

¡Estaban embarazados! Y vaya si lo estaban. A los nueve meses nacía la preciosa Claudia en un parto inolvidable en el que Vanessa, que pensaba que ya lo había llorado todo, lloró una vida, una vida entera.

—A la mañana siguiente, de pronto, tú abriste la puerta de la habitación —me dijo Vanessa—, entraste con esa sonrisa con la que ahora me miras, te sentaste en el borde de mi cama, me pusiste la mano en el hombro y me dijiste sin conocerme de nada ni saber una sola palabra de nuestras vidas: «Bueno, Vanessa, y tú, ¿cómo estás?». Fuiste la primera persona que se preocupó por mí. Y me sorprendió tanto que no supe ni qué decir. Eso sí, cuando saliste de la habitación, le dije a Domingo: «Sal al mostrador y pide cita con esta pediatra de ojos claros. Ella será la pediatra de Claudia».

Cuando me confesó esto, seis años después, me emocioné mucho, y una vez más fui consciente del tremendo impacto que pueden tener nuestras palabras en los pacientes. De la gran responsabilidad que tenemos entre manos, ya no solo en el diagnóstico y cuidado de los niños, sino en la forma que tenemos de comunicarnos con las familias. Quizá para nosotros sea una conversación más entre los cientos que tenemos a la semana, pero para la mujer o el hombre que tienes ahí delante, expectante, escuchando lo que le dices y cómo lo dices, puede resultar revelador o devastador.

Cada mes, la pequeña Claudia venía a mi consulta en brazos de unos padres absolutamente felices y entregados, muchas veces junto a la orgullosa abuela Juventina, que me miraba como miran las abuelas, con esos ojos pequeños pero tan llenos de historia, tan llenos de idas y venidas, de subidas y bajadas, de luces y sombras, de ganancias y de pérdidas; tan llenos de amor. De pronto, una soleada mañana, cuando Claudia no había cumplido aún los doce meses, entró Vanessa por la puerta de mi consulta más radiante de lo normal. Aquel día estaba exultante, esa es la palabra.

—¿Y esa sonrisa, Vanessa? —le dije contagiada por su evidente felicidad.

—¡Estoy embarazada! —exclamó dando saltitos—. Me he

quedado embarazada de forma espontánea —añadió acariciándose la barriguita.

Y me lo dijo segura de sí misma, fuerte y convencida de que ese embarazo le traería un hermano a la pequeña Claudia. Y así fue. Increíble final para una pareja que no pudo tener más dificultades en este arduo viaje de la maternidad.

El bebé nació nueve meses después con el pelo y los ojos de su madre y la sonrisa pícara de su padre. El nombre lo tenían claro desde el mismo instante en el que les dijeron que era un niño.

—Carlos, se llamará Carlos. Como mi hermano —anunció Vanessa emocionada, mirando tímidamente al cielo en un intento infantil de ver la cara de su hermano al saberlo.

Vanessa, Domingo, Claudia y Carlos forman una familia adorable, una familia que tras haber luchado tanto saben ya muy bien lo que verdaderamente importa en esta vida, que son cuatro cosas. Una familia que sabe que esto no es fácil, que la vida, de hecho, es difícil y complicada, que querer no es siempre poder, que luchar está implícito en la responsabilidad de ser padre o madre, y que ellos, nuestros hijos, tras todo lo vivido y sufrido, son, sin ninguna duda, lo mejor de nuestras vidas.

Si estás pasando por este proceso o si a tu alrededor tienes amistades o familiares que están pasando por una situación similar, recuerda que:

1. **Hasta que no pasa un año desde que empiezas a buscar el embarazo, no hay que ponerse nervioso.** El embarazo no suele venir a la primera, ni a la segunda, ni a la tercera.

2. **En el momento en que te pones en manos de profesionales, no centres tu vida en los tratamientos.** Haz caso a los profesionales, relájate, intenta desconectar, pues el viaje puede ser largo.

3. **Dosifica fuerzas.** Esto es una carrera de fondo. Habrá luces y sombras, subidas y bajadas, y unas cuantas caídas. Lo normal es que no salga todo a la primera. Tranquilidad.

4. **Haced equipo.** Habrá días en los que uno sea el remolcado y otro, el remolcador. Pero los papeles se irán cambiando. No hay fuertes ni débiles, hay personas. Haced piña. Permaneced unidos.

5. **Haced actividades que nada tengan que ver con el embarazo ni la maternidad.** Aprovechad el tiempo para hacer todo lo que después, con vuestro bebé, ya no podréis hacer.

6. **Rodearos de personas que os aporten, os distraigan, os consuelen, os escuchen y os diviertan.**

7. **Si necesitáis ayuda, pedidla.** No estáis solos.

8. **No viváis cada caída como una derrota definitiva.** Tomaos el tiempo que necesitéis, hablad mucho y seguid el viaje con paso firme.

9. **No perdáis la esperanza.**

10. **Y, por último, cuando lleguéis al final, no os olvidéis de echar la vista atrás de vez en cuando para saber de dónde venís y lo que habéis visto y sentido en ese camino.** Recordad siempre a las personas que os ayudaron a retirar las piedras del camino y valorad por encima de todo lo que habéis conseguido y lo alto que habéis llegado. Sentíos orgullosos de todo ello.

5

LA ALIMENTACIÓN INFANTIL. NO ES TAN DIFÍCIL

La alimentación de los más pequeños es uno de los temas que más dudas, preguntas y miedos genera en padres y madres. No sé si será solo una cuestión mía, probablemente no, pero no veo que haya que complicarse tanto la vida. Te garantizo de verdad que dar de comer a tus hijos es mucho más fácil de lo que puedas imaginar.

Me sigue llamando la atención que dos de cada tres preguntas que me hacen padres y madres en mi día a día guarden relación con la alimentación. Y no tengo problema en darles respuesta, sino todo lo contrario, lo disfruto, pero en ocasiones, cuando vuelvo a casa, me digo: «Algo estamos haciendo mal cuando a las familias les preocupa tanto este tema».

He de confesar que, cuando estaba escribiendo este capítulo, llamé a mi madre y se lo pregunté directamente:

—Mami, con el tema de la alimentación, cuando éramos pequeños, ¿tú qué hacías? ¿Lo recuerdas como algo agobiante?

La respuesta de mi madre fue, como casi siempre, esclarecedora:

—Hija, hacíamos lo que nos decía el pediatra. Dábamos por hecho que eso era lo mejor para vosotros.

Y me entró la risa tonta, porque, efectivamente, antes lo que decía el médico iba a misa, ¿verdad? Ahora no es que sea ni mejor ni peor que antes, ahora simplemente el acceso a la información es ilimitado, lo cual tiene enormes ventajas y, cómo no, peligrosas desventajas. Desgraciadamente, Google no hace una selección entre lo que es una fuente bibliográfica fiable y lo que no lo es, así que al final no nos queda otra que terminar en la consulta del especialista para salir de dudas.

Con el paso de los años me he dado cuenta de que muchos de los padres tienen por costumbre llevar a cabo determinados hábitos que ellos consideran saludables cuando en realidad nadie se ha sentado a hablar con ellos y explicarles que no lo son. Todos hacemos lo que consideramos que es mejor para nuestros hijos, pero en ocasiones, si la información es confusa, contradictoria o directamente errónea, podemos estar equivocados y ni siquiera lo sabremos.

Empecemos por el principio. Como ya es sabido, la Organización Mundial de la Salud (OMS) recomienda la lactancia materna como único alimento desde el nacimiento hasta los seis meses de forma exclusiva y hasta los dos años o más junto con alimentación complementaria. Y «exclusiva» quiere decir «exclusiva», es decir, el bebé no necesita nada más hasta los seis meses. Esto, aunque parece obvio, en mi práctica diaria no lo debe de ser tanto a juzgar por la multitud de preguntas que genera.

«Exclusiva» significa que lo único que necesita el bebé es mamar a la hora que quiera y cuanto quiera. Nada más. Ni cereales, ni fruta, ni siquiera agua.

Es a partir de los seis meses cuando sus requerimientos nutricionales (fundamentalmente el hierro) podrían verse afectados si no lo complementamos con otro tipo de alimentación. Pero «complementaria» quiere decir justamente eso, «complementaria», no sustitutiva. Cuando empecemos con los purés o las papillas, estos complementarán a la leche, no la sustituirán. El alimento fundamental de un lactante hasta los doce meses de vida va a seguir siendo la leche (ya sea materna o adaptada).

Un apunte antes de seguir: aquí la que escribe le dio pecho a sus dos hijos hasta que ellos solos se destetaron. Duración aproximada de ese maravilloso viaje: un año.

Ahora bien, nuestra obligación como profesionales es apoyar a todas las madres y a todos los padres en su decisión, sea cual sea, y no entrar a juzgar ni a criminalizar. Nosotros estamos aquí para dar información y apoyo. Con todo ello, los padres y las madres tenéis la última palabra.

Imagina que estás en el parque con tu bebé de cuatro o cinco meses y empiezas a escuchar:

—¿A ti ya te han dado las papillas? —pregunta tu compañera de banco.

—A mí no. Si todavía tiene cinco meses —contestas un tanto ofendida, mientras tu bebé mama plácidamente.

—Pues el mío con esa edad ya tomaba fruta —te espeta una espontánea que «casualmente» escuchaba vuestra conversación.

Como hemos dicho, si tu opción es la lactancia materna, hasta los seis meses no tendrías que empezar con nada, así que en ese caso lo tendrías fácil:

—Agradezco tu opinión, pero mi bebé tiene cinco meses y está tomando lactancia materna exclusivamente. En cualquier caso, gracias por preocuparte —le dices sin perder la sonrisa.

Es importante resaltar que la introducción precoz de los alimentos antes de los cuatro meses aumenta el riesgo de desarrollar enfermedades autoinmunes (diabetes mellitus) y alergias alimentarias. Y retrasarla más allá de los siete meses no tiene efecto protector.

Pero ¿y si toma biberón? En ese caso podemos empezar un poco antes con la alimentación complementaria, pero tampoco sería necesario hacerlo antes de los seis meses si el crecimiento y desarrollo del bebé es adecuado. En mi día a día he descubierto que las familias que dan biberón tienen más prisa por empezar con las papillas. No sé exactamente a qué se debe, pero es así.

Pues bien, te diré lo que yo hago: a aquellas madres que dan fórmula adaptada a sus hijos y que desean empezar pronto, a los cinco meses o cinco meses y medio, les propongo comenzar con fruta.

LA INTRODUCCIÓN DE LA FRUTA EN EL LACTANTE

A partir de los seis meses podemos empezar a introducir la fruta en la alimentación del lactante. En cuestión de fruta, hay más modalidades que colores. Empieza con media manzana, media pera, medio plátano y unos trocitos de naranja, y si se toma las medias piezas tan a gusto, ponle pequeñas piezas enteras trituradas o «chafaditas» con el tenedor. Recuerda que es mejor la naranja a trozos que en zumo; no le prives de la fibra que tiene la pulpa.

A esta papilla de frutas no hay que echarle azúcar, ni sacarina, ni miel, ni galletas, sino fruta fresca recién preparada, y para adentro.

Si prefieres introducir las frutas por separado, no hay problema. Puedes prepararle durante 3 días una papilla de manzana (fresca o en compota), posteriormente otros 3 días una de pera, a continuación una de plátano, y así sucesivamente. Por cada fruta nueva que introduzcas, debes probar a darle tres días esa misma fruta (sobre la base de frutas que ya has probado y que no ha hecho ningún tipo de reacción).

Las reacciones alérgicas alimentarias son inmediatas en su inmensa mayoría: a los pocos segundos o minutos de haber ingerido el alimento, a veces incluso con solo rozar los labios o la piel de la cara, aparece una reacción cutánea evidente, con ronchas (habones) o enrojecimiento (eritema) alrededor de la boca, picor de lengua, a veces inflamación de un párpado o de los labios (angioedema), e incluso pueden presentar un vómito violento. En casos más extremos puede producirse tos y dificultad respiratoria (anafilaxia). En cualquiera de los casos expuestos hay que acudir al centro sanitario más cercano (Centro de Salud o Servicio de Urgencias).

¿Cuáles son los alimentos que producen alergias con más frecuencia? La proteína de la leche de vaca, el huevo (fundamentalmente la clara), el melocotón, el kiwi y la fresa.

Y en caso de lactancia materna, ¿cómo lo hacemos? Pues exactamente igual, pero a los seis meses de vida.

Ten en cuenta que la alimentación es COMPLEMENTARIA, no sustitutiva. Es decir, el alimento principal del lactante durante sus primeros doce meses de vida sigue siendo la leche (leche materna o leche adaptada de vaca).

Por todo ello, si solo se toma unas cucharadas de papilla, no te preocupes; poco a poco irá comiendo más. No le obligues, no te agobies, no le fuerces. No conviertas el inicio de las papillas en una lucha diaria. Hay niños a los que les cuesta más que a otros. Dale tiempo y tómatelo con paciencia. No estés limpiándole la boca continuamente, sacándole brillo tras cada cucharada. Ponte en su lugar: ¿te imaginas que, tras cada bocado, la persona de al lado te limpiara la boca con la servilleta? Quítale la parte de arriba de la ropa, ponle un babero gigante y relájate.

LA INTRODUCCIÓN DEL CEREAL EN EL LACTANTE

A partir de los seis meses podemos empezar a dar al lactante cereal sin gluten o pequeñas cantidades de cereal con gluten. Entendemos por cereal sin gluten el arroz y el maíz, que son los que más se utilizan habitualmente en nuestra sociedad, y por cereal con gluten, el trigo, la avena, la cebada y el centeno.

La introducción de cereales envasados no es «obligatoria», podemos prescindir de ellos y ofrecerle cereal natural en forma de pan integral, pasta integral, arroz, avena, etc., en las comidas a lo largo de todo el día.

Es importante que, si optáis por cereal envasado, leáis bien las etiquetas y elijáis cereales con 0 % azúcares añadidos y producidos (ni azúcares añadidos ni azúcares producidos por hidrólisis).

En el momento en que el bebé empieza con los cereales, ofreceremos agua, ya que es habitual que tenga algo de sed.

Hay muchas opciones a la hora de empezar a dar cereales:

- Añadir un par de cacitos del cereal en el biberón de la noche y otro par de cacitos en el biberón de la mañana.

- Añadir un cacito en 3-4 biberones de los que toma a lo largo del día.

Como ves, es variable, como también lo son los casos que se me presentan:

- «Pues es que al mío le gusta la leche sola. Si le pongo un cacito de cereal, no se lo toma igual.» Pues no le añadas cereal y ya añadiremos un poco de pasta integral en sus comidas, por ejemplo.
- «Pues es que al mío le encanta la papilla, pero bien espesa, aunque cierto es que está bastante subidito de peso.» Entonces no le eches diez cacitos, no; aunque le guste mucho. Es mucha cantidad.
- «Pues es que yo no quisiera utilizar cereal de caja; lleva azúcares que no necesita el niño. ¿Tengo otras alternativas?» Sí, claro. Puedes darle todos los días un trocito de pan integral, que al fin y al cabo es eso, cereal. Puedes darle un puñadito de sémola de trigo, de fideos o de pasta integral en la comida, de hecho, esta es la modalidad que yo recomiendo.

En caso de que el bebé no tome leche en biberón porque solo toma pecho, la pregunta que me hacen muchas personas es: «¿Dónde le pongo el cereal?». De nuevo las opciones son múltiples:

- Puedes añadir un par de cacitos de cereal sin azúcares añadidos ni producidos en la papilla de fruta.

- Puedes añadir avena en la fruta o añadir la fuente de cereal integral, como la pasta, en sus papillas de salado.

Una madre me decía: «Mi madre le echa un par de galletas María a la papilla y queda riquísima». Cierto, está mucho más rica, entre otras cosas porque está mucho más dulce, pero no es una práctica recomendable. Las galletas contienen azúcares y grasas trans que tu bebé no necesita en absoluto. Es más, no tienen ningún efecto beneficioso en su salud y sí unos cuantos efectos perjudiciales.

Hay otro tema que es motivo de preocupación entre padres y madres: ¿cereales con gluten o sin gluten? Verás, el gluten (trigo, cebada, centeno y, en menor medida, la avena) es algo que nos tiene muy entretenidos a los pediatras. Cada poco tiempo salen nuevas recomendaciones de expertos que debemos revisar y, por supuesto, actualizar en nuestra práctica diaria:

- Se dijo que la introducción precoz y en pequeñas cantidades del gluten (a los cuatro meses) prevenía la enfermedad celiaca, y durante un tiempo se recomendó. Ahora se ha visto que no. De hecho, a los pacientes con alto riesgo genético de enfermedad celiaca se les recomienda cautela con la introducción del gluten antes de los seis meses de edad.
- Se dijo que la introducción del gluten mientras aún se mantenía la lactancia materna suponía un factor de protección frente a intolerancias. Se recomendó. Pero ahora se ha visto que no.
- Se dijo que la lactancia materna protegía frente al desarrollo de la enfermedad celiaca. Pero se ha visto que no.

- Se dijo de empezar con el gluten a los siete meses y así se recomendaba. Pero se ha visto que no es recomendable.

En definitiva, la edad de introducción del gluten no modifica el riesgo de desarrollar la enfermedad celiaca y la lactancia materna a cualquier edad tampoco confiere protección. Entonces, ¿cuándo es una buena edad para empezar con los cereales con gluten? Se dice que los seis meses.

¿Y qué cantidad concreta de gluten debería introducirse? Hoy por hoy no existe ninguna recomendación de las sociedades científicas sobre la cantidad concreta de gluten que hay que introducir.

Alguna madre me ha dicho: «Pues yo al mío no le doy cereales con gluten porque no le gustan. Sin embargo, se toma todas las tardes el currusco de la barra de pan y se queda tan pancho». Perfecto, el pan es eso: cereal con gluten. También puedes darle esas pequeñas dosis de trigo en forma de un puñadito de fideos o de sémola de trigo en la comida, como ya hemos comentado. E insisto una vez más en los cereales integrales, que son más saludables que los demás.

Si te trae de cabeza elegir un cereal con gluten, acostúmbrate a leer las etiquetas y huye de los que están endulzados con miel, de las galletas, etcétera. En definitiva, cuanto menos azúcar, mejor.

LA INTRODUCCIÓN DE OTROS GRUPOS ALIMENTARIOS

Cuando nuestro hijo acaba de cumplir los seis meses, llega el momento de suplementar los aportes de leche con las vitaminas, las proteínas y el hierro que encontraremos en las verduras, la carne, el pescado, las legumbres y el huevo. Aquí ya nos volvemos todos locos. Algún día he fantaseado con la posibilidad de infiltrarme como una madre más en la consulta de diez pediatras diferentes. Me juego el tipo a que saldría con diez pautas diferentes.

Esto es así y te doy la razón. Mira, realmente no es tan importante la edad exacta a la que introduzcamos la ternera o el cordero, o cualquier otro alimento. Sin embargo, esta es una cuestión que provoca inquietud en madres y padres:

—Ay, Lucía, me vas a matar. Nos dijeron que el pescado lo introdujésemos a los nueve meses y anoche a mi madre se le olvidó y le preparó una pescadilla. Cuando me enteré, no veas la bronca que le eché —me dice una madre llevándose las manos a la cabeza.

—No pasa nada, mujer…

—Bueno, es que aún tiene ocho meses.

—No pasa nada —le repito sonriendo. Y en ese momento pienso: «Algo estamos haciendo mal cuando este hecho genera tanta ansiedad en las familias».

La idea de dar unas pautas alimentarias es que hagamos una introducción gradual de los alimentos, por grupos, y uno a uno para detectar alguna posible alergia en caso de que se presentase. En mi día a día veo a muchos extranjeros de distintos países: rusos, rumanos, franceses, americanos, ingleses, alemanes y árabes fundamentalmente. Te sorprendería saber las distintas pautas de alimentación que tienen cada uno de ellos. Es realmente entretenido escuchar sus costumbres.

En España, y en mi consulta en particular, yo propongo que a los seis meses se empiece con el puré de verduras con pollo, o con ternera, o con pavo, o con pescado, incluyendo todo tipo de verduras, excepto las de hoja verde (acelgas, espinacas, borraja, col), según la recomendación de la Agencia Española de Seguridad Alimentaria. ¿Y por qué? Porque estas verduras de hoja verde tienen altas concentraciones de nitratos, que en nuestro organismo se transforman en nitritos y que en los menores de doce meses pueden provocar una enfermedad denominada «metahemoglobinemia» que podría ser grave: el bebé podría ponerse azul (cianótico), y tu pediatra, pálido del susto.

¿Cómo preparar el puré de verduras con pollo?

1. Cuece en una olla con agua, o al vapor, las verduras (puerro, patata, calabaza, calabacín, zanahoria, judías verdes…) junto con unos 30 gramos de pollo (pechuga o muslo de pollo sin piel) por ración. Recuerda que no hay que echar sal.

2. No eches un filete de pollo entero en un día, pues ese exceso de proteínas no solo no beneficia a tu hijo, sino que

el exceso de proteínas a estas edades favorece el sobrepeso y la obesidad tanto a corto como a largo plazo.

3. Una vez esté hervido todo, quita la mayor parte del agua, echa un chorrito de aceite de oliva virgen, tritura el puré y listo.

¿Cuál es la cantidad de puré que debes servir? Unos 200-250 gramos, aunque las cantidades son variables y se irán adaptando al apetito, las preferencias y la edad del bebé. Así que, si tu hijo solo toma 150 mililitros de puré, pero tu pediatra te dice que se está desarrollando adecuadamente, no te preocupes.

Una vez tolere las verduras con la patata y el pollo, podemos empezar con el pavo, el conejo, la ternera, el cordero, los pescados, las legumbres, el huevo, etcétera. El orden de introducción de los alimentos no es importante ni determinante.

¿Y qué hay del pescado blanco? Pues puede introducirse pescadilla, merluza, lenguado, rape, etcétera. La cantidad adecuada son aproximadamente unos 50-70 gramos por ración.

«¿El pescado blanco triturado con las verduras o a mollitas?», me preguntan muchas madres. Como quieras. Puedes triturarlo todo o puedes darle las verduras y a continuación sus mollitas de pescado. A esta edad mastican muy bien, pues, aunque no tengan dientes, lo hacen con las encías. No hace falta que tengan dientes para comenzar con trocitos, aunque esto suele ser motivo de duda entre padres y madres: «Si aún no tiene dientes, ¿puede masticar?».

«¿Le doy el pescado en la cena y la carne en la comida?», preguntan otras madres. En principio no. Conviene que siga cenando leche por la noche para no retirar tomas. Cabe recordar que el alimento fundamental durante los primeros doce meses de vida es la leche.

En resumen, el niño tomará de desayuno pecho o leche de continuación con o sin cereales (con gluten). Comerá sus verduras con carne o con pescado. Merendará su fruta fresca y cenará de nuevo leche. Si sigue tomando pecho, además, podrá engancharse todas las veces que el bebé quiera.

A esta edad, los 8-9 meses, aprovecha para darle trocitos de pan, queso fresco sin sal, tomate rayado, etcétera, porque así se irá acostumbrando a nuevos sabores y nuevas texturas. El paladar se educa y la masticación también.

Muchos padres y madres se preguntan: ¿Por qué empezar a introducir estos alimentos a los seis meses y no hacerlo antes, a los cuatro meses, por ejemplo? Pues por una razón muy sencilla. ¿Te has fijado alguna vez en que, si le ofrecemos un trocito o incluso una cucharada de una papilla espesa a un bebé de cuatro meses, este saca la lengua y lo tira todo? «Le he dado a probar un poco de papilla de frutas e inmediatamente ha sacado la lengua y lo ha tirado», me comentan las madres decepcionadas.

No es que no le guste, como me decís muchas. Sino que se trata del «reflejo de extrusión», que está presente hasta los 4-5 meses de vida, a veces más. Ese es el motivo por el que todo bebé por debajo de esta edad, al notar algo más o menos sólido en su boca, lo expulsa con la lengua de forma automática. Puro instinto de supervivencia para no atragantarse ¿Qué te parece? La naturaleza no dejará nunca de sorprenderme.

Los recién nacidos están preparados para deglutir líquido desde el mismo instante en el que nacen. Sin embargo, el reflejo de extrusión les impide tragar o masticar alimentos más sólidos hasta los cinco meses o más. Su cerebro irá madurando, comenzarán a ser capaces de sujetar la cabeza, a mantenerse erguidos sentados y se reirán a carcajadas (¡qué mágico momento!), y, al alcanzar los 7-9 meses, la mayoría estarán preparados para masticar.

Los movimientos masticadores reflejos aparecen entre el séptimo y el noveno mes de vida. Debemos ayudarlos en ese proceso y ofrecerles trocitos blandos y observar cómo se manejan. ¡Con dientes o sin ellos, si les enseñamos, aprenderán! Mastican con las encías, saborean con la lengua, y en el caso de mis hijos hasta ponían los ojos en blanco del gustito que les daba probar el pan con aceite.

¡Así que pierde el miedo! No pretendas darle triturados hasta que sea capaz de pedirte un bocata en tres idiomas. Siéntate a su lado, ofrécele trocitos y obsérvale. Si se desenvuelve bien y encima disfruta, ¡adelante! Si, por el contrario, con 7-8 meses lo ves un poquito perezoso e incluso hace ademán de atragantarse, haz un paréntesis y vuélvelo a intentar a las dos o tres semanas.

¿Y qué hay de introducir el yogur? Todas las mamás me preguntan por el yogur. No es imprescindible, pues el lactante ya toma leche. Si aun así se le quiere dar yogur, con uno al día sería suficiente, natural y sin azúcar, aunque yo siempre digo que el mejor postre es la fruta. El yogur no sustituye a la ración de fruta que debe tomar el bebé. La fruta es insustituible. Si, además de la fruta de la merienda, toma un poco más de postre tras la comida, pues estupendo.

«¿Cuánta leche ha de tomar el bebé?», me preguntan mucho. Pues en torno a los 500 mililitros al día durante el primer año.

¿Qué nos falta por introducir? La yema de huevo, que nos gusta introducir de forma gradual. ¿Es imprescindible esperar para introducirla? Una vez más, la respuesta es negativa. Desde los seis meses podéis empezar, no habría problema.

Hierve un huevo, retira la cáscara y la clara, y quédate con la yema, ya sabes, la parte amarilla. Córtala en cuatro cuartos y ofrécele un cuarto cada día, desmenuzada con la papilla de verduras, por ejemplo. Al cabo de una semana ya le puedes ofrecer media yema en dos o tres purés a la semana. Una vez compruebes que no hay reacción alguna, no habría inconveniente en darle una yema entera cocida dos o tres días a la semana. El día que le pongas la yema entera, no hace falta que le des más proteína en forma de carne o pescado.

Una vez tolere la yema, le daremos la clara, y para eso prepararemos una tortilla francesa. La clara es el alimento más alergénico después de la leche. Ojo, hay que vigilarle de cerca sobre todo los primeros días que la prueba. Y las primeras tortillas deberán estar muy hechas, pues cuanto más cruda está la clara, más alergénica es.

Nos faltan las legumbres, así que a por ellas. ¿Desde cuándo? Una vez más, desde los seis meses las podría tomar. Añade un puñadito de lentejas, por ejemplo, durante tres días. Luego un puñadito de garbanzos otros tres días, o guisantes, y a continuar.

¿Debes echar sal a las comidas? No durante los primeros 12 meses. ¿Y puedes añadir azúcar? Tampoco, pues no la necesita.

¿Hay algún pescado que el niño no pueda comer? Evita el emperador, el tiburón, el lucio y el atún rojo durante los diez primeros años por contener exceso de mercurio.

Y listo. ¡No nos olvidamos de nada!

Ah, y muchas madres me preguntan: «¿Y qué ocurre si el huevo lo introduzco a los nueve meses, o las legumbres a los ochos meses?». Pues nada. No pasa nada. Lo importante es hacer esa introducción de alimentos de forma gradual, cada tres días introducimos un alimento nuevo. El orden, insisto, no es lo importante.

Y ya cuando el niño cumpla doce meses, empezará la barra libre, a comer de todo. Cada vez le ofreceremos menos triturado y más trocitos, y le serviremos la cena (salada) con el resto de la familia sentadito a la mesa, ¡como un adulto!

LA INTRODUCCIÓN DEL BLW

Muchos padres y madres me plantean lo siguiente: «Yo no quiero darle triturados, yo quiero empezar con el BLW». Pues adelante, siempre vigilando que no se atragante. De nuevo impera el sentido común.

¿Y qué es el BLW (*baby led weaning* o «destete dirigido por el bebé»)? Es el inicio de la alimentación complementaria a los seis meses en forma de alimentos enteros, en lugar de triturados, con la forma y el tamaño adecuados para que sea el propio bebé el que los coja con sus manos y se los lleve a la boca en función de su apetito y preferencias. Es decir, se trata de hervir la verdura y la carne, o el pescado, y ofrecérsela en trozos grandes y alargados para que el niño sea capaz de agarrarlos sin problemas con sus manitas. Recuerda que hasta los nueve meses no hará la pinza con su pulgar y dedo índice, por lo que, a esas edades, 5-7 meses, los objetos, en este caso los alimentos, los cogen abriendo la mano entera para posteriormente cerrarla (prensión palmar). Así que, si le cortas los alimentos en trozos pequeños, no los podrá coger.

Pero antes de tomar la decisión has de conocer los pros y los contras. El BLW está cogiendo fuerza en los últimos años, aunque muchas de nuestras madres y abuelas ya lo hacían. No es infrecuente que las familias acudan a la consulta para pedir información y asesoramiento acerca de esta modalidad de alimentación infantil.

He de reconocer que cuando mis hijos eran lactantes y llegó el momento de empezar con la alimentación complementaria, el BLW no estaba entre mis opciones. Como ocurre con frecuencia en medicina, ante las campanas inicialmente a lo lejos y posteriormente en mi propia consulta, me tuve que meter en faena y estudiar el tema con detenimiento. ¡Son tantas cosas las que no estudiamos en la universidad o en nuestra etapa de médicos residentes! En casi todas las profesiones ocurre, ¿verdad? «Renovarse o morir», o lo que es lo mismo, «reciclarse o morir».

Cabe tener en cuenta que, entre los seis y ocho meses, la energía que debemos aportar a nuestros hijos proveniente de la alimentación complementaria es de un quinto del total; el resto de la energía se la daremos en forma de leche. Sin embargo, entre los nueve y once meses, la balanza estará más equilibrada y el 50 por ciento del aporte calórico deberá venir de la alimentación complementaria, y el otro 50 por ciento, de la leche.

Para empezar con un BLW, es imprescindible lo siguiente:

1. **Que el bebé tenga una sedestación estable.** Es decir, que se siente en la trona sin caerse a los lados o hacia adelante.

2. **Que haya desaparecido el reflejo de extrusión.** Recuerda que es el reflejo que observamos en los niños más pequeños al introducirles algo sólido sobre la lengua, ya sea un trozo de comida, un objeto o el propio chupete. Inmediatamente sacarán la lengua en un intento de expulsar todo aquello que pueda provocarles un atragantamiento. Este reflejo suele desaparecer en torno a los seis meses.

3. **Que tenga autonomía con sus manos y una adecuada coordinación ojos-mano-boca.**

El BLW ofrece una serie de beneficios:

1. **Fomenta hábitos de alimentación más saludables, respetando las señales del cuerpo del bebé, como son el hambre y la saciedad.** Las madres que siguen el BLW viven la alimentación de una forma más relajada, sin forzar a sus hijos a comer. Los bebés prueban distintos sabores y texturas desde temprana edad, lo que parece estar relacionado con una alimentación más saludable y variada en su futuro.

2. **Fomenta la lactancia materna,** puesto que los bebés seguirán enganchándose al pecho de su madre cuando y cuanto quieran, siguiendo la filosofía de respetar sus señales de hambre, sed y, por supuesto, saciedad. Se trata de realizar una alimentación activa, donde es el propio bebé el que regula su apetito, y no la alimentación pasiva de las papillas, cucharas y biberones. El BLW se puede realizar en niños no amamantados de igual modo; la leche artificial no es excluyente en ningún caso.

3. **Promueve y estimula el desarrollo psicomotor del niño,** favoreciendo la prensión manual, al agarrar los trozos de comida, y la realización de la pinza en torno a los nueve meses. Del mismo modo, mejora la coordinación oculomanual, la masticación, etcétera.

4. **Mejora la transición a la alimentación sólida,** puesto que desde los 6-7 meses ha empezado a trabajar la masticación con alimentos de distintos sabores y texturas.

Pero en el BLW no todo son ventajas, sino que también hay peligros o inconvenientes:

1. **Existe riesgo de que no se alcancen sus necesidades energéticas o de que presenten desequilibrios nutricionales.** Podemos encontrarnos con niños que coman mínimas porciones de fruta o verdura, y menores aún de proteínas animales, con el consiguiente riesgo de anemia ferropénica (anemia por falta de hierro), escasa ganancia de peso o estancamiento en su desarrollo psicomotor.

2. **Existe riesgo de atragantamiento si los padres no han sido informados adecuadamente de los alimentos que no deben dar al principio.** Es un riesgo lógico y con fundamento. De hecho, convendría que los padres que practiquen esta modalidad de alimentación tuvieran nociones básicas de primeros auxilios en caso de atragantamiento.

En cuanto a las causas de muerte por atragantamiento en niños menores de tres años alimentados con BLW, figuran los siguientes alimentos:

- Zanahoria cruda.
- Cacahuete.
- Manzana cruda.
- Salchichas cortadas en rodajas.

Por ello, hay una serie de alimentos que debemos evitar por el alto riesgo de atragantamiento:

- Verduras crudas: zanahoria, apio, ensalada.
- Manzana cruda.
- Patatas de bolsa, galletas de arroz o de maíz.
- Frutos secos o frutos desecados (pasas, arándanos).
- Cerezas, uvas, tomates *cherry*, maíz, guisantes.
- Caramelos y cualquier alimento duro que no sean capaces de aplastar con la lengua y el paladar.

Así que en tus manos está. Como ves, las opciones de alimentación complementaria son muy diversas.

Mención especial merecen los niños prematuros o con alteraciones en su desarrollo psicomotor, ya que sus ritmos no son los que encontramos habitualmente en el resto de los niños.

Por tanto, el mejor consejo que te puedo dar es que **observes cómo tu hijo interacciona con la comida, no tengas prisa, respetes su madurez y necesidades, y afrontes la hora de comer como algo divertido y relajado.** Y por supuesto, ante las preguntas que te vayan surgiendo, no dudes en comentarlas y consensuarlas con tu pediatra.

Es curioso cómo las madres más jóvenes «luchan» porque sus bebés empiecen a comer con las manos y yo, no tan joven, lucho para que mis hijos, más mayores ya, utilicen los cubiertos correctamente en la mesa. Curioso, ¿verdad?

A medida que nuestros hijos van creciendo, seguimos planteándonos preguntas con respecto a la alimentación. ¿Alguna vez te has cuestionado si lo que le das de comer a tu hijo es saludable? «No desayuna todo lo que tendría que desayunar», «¿qué le pongo de almuerzo?», «se me agotan las ideas en las cenas», me comentan con frecuencia en la consulta.

Aquí toca ponerse serios porque los datos de obesidad y sobrepeso en España son verdaderamente alarmantes. El 40 por ciento de nuestros niños tiene sobrepeso. Es evidente que algo estamos haciendo mal.

Nuestro país avanza, las nuevas tecnologías están al alcance de todos y, con ellas, nos inunda la información. Los padres y madres que acuden a la consulta tienen más información de la que jamás hayan tenido nuestros progenitores. En su mayoría están integrados en un mundo laboral más fiero. Somos una generación de «jóvenes» cualificados y, sin embargo, la obesidad infantil no para de crecer en España. ¿Qué está pasando?

Según el estudio Aladino (Estudio de Vigilancia del Crecimiento, Alimentación, Actividad Física, Desarrollo Infantil y Obesidad en España, 2019), se ha observado una prevalencia del sobrepeso y la obesidad en los niños y las niñas españoles de seis a nueve años de un 40,6 por ciento.

La obesidad ya no es solo un problema estético, sino un problema de salud y de pérdida de calidad de vida, pues se asocia a problemas psicológicos, acoso escolar, hipertensión, diabetes y enfermedad cardiovascular. Y todos estos problemas se están generando a edades cada vez más tempranas.

Según el citado estudio, los factores asociados a un mayor riesgo de desarrollar obesidad son:

- Ser varón.
- Tener mayor peso al nacer.
- No desayunar.
- Tener el polideportivo lejos de casa.
- Realizar la comida principal en casa en lugar de en el colegio.
- Que los padres consideren inseguras las rutas de ida y vuelta al colegio.
- Dedicar más tiempo a actividades de ocio sedentarias.
- Dormir un menor número de horas.
- Ser hijos de padres fumadores, o con sobrepeso u obesidad.
- Tener menores ingresos familiares.

EL DESAYUNO

¡Levántate un poco antes y prepárales a tus hijos un buen desayuno! Siéntate con ellos a desayunar; hay que dar ejemplo. Nada de prisas, nada de desayunar de pie, ni pasarse la mañana con el «venga, venga, venga» en la boca. A nadie le gusta desayunar sometido a presión, gritos, enfados y prisas; a los niños tampoco. Tómate tu tiempo para preparar el desayuno y da ejemplo. Siéntate a la mesa con todos y disfruta.

Piensa que lo que no desayunan lo completaremos en el almuerzo que se llevarán al colegio. Por lo que, si solo toman un vaso de leche, no te preocupes, aún tienen la fruta o el bocata para completar ese desayuno.

Como a menudo me piden en la consulta que dé ejemplos de desayuno, a continuación incluyo unos cuantos:

- **Lácteo:** leche, yogur, queso fresco.
- **Cereal:** tostada de pan, por ejemplo. Si es integral, mucho mejor. Evita cereales de desayuno infantiles, pues llevan una gran cantidad de azúcar (hasta un 40 por ciento algunos), además de las grasas trans tan dañinas para la salud infantil.
- **Fruta:** preferiblemente entera, en trozos, no en zumo. De este modo tomarán mucha más fibra y menos calorías totales, menos azúcares. Debes saber que, al exprimir el zumo, liberamos el azúcar de sus celdas vegetales y estos azúcares pasan a ser azúcares libres en nuestro organismo, con un impacto desde el punto de vista metabólico

completamente diferente a los azúcares incluidos en la fruta entera, masticada y digerida lentamente en estómago e intestino. ¿Cuánto tiempo tardas en beber un zumo de naranja hecho de tres naranjas? ¿Te tomarías esas mismas tres naranjas enteras? ¿Verdad que no? Pues eso. En apenas unos segundos triplicamos el aporte calórico e inyectamos a nuestro torrente circulatorio un pico de azúcares innecesarios y contraproducentes. La fruta ha de ser entera y masticada.

La Academia Americana de Pediatría ha publicado en 2017 las últimas recomendaciones respecto a la fruta y los zumos. En estas nuevas guías recomiendan no dar zumos (ni naturales ni, por supuesto, envasados) a los niños menores de un año. A partir de esta edad recomiendan no superar la cantidad de medio vaso en los menores de seis años, ni superar el vaso en los mayores de esta edad. Todo ello por el exceso de azúcares, por no aportar ningún beneficio nutricional con respecto a la fruta entera, por el exceso de aporte calórico y por el consiguiente riesgo de obesidad y de caries.

- **Grasas:** preferiblemente aceite de oliva virgen, como sabes, rico en ácido oleico, una grasa monoinsaturada con múltiples efectos beneficiosos para la salud. Así que, en las tostadas, ¿qué mejor que un chorrito de aceite de oliva? También es buena opción, en tanto que grasas «buenas», el aguacate o las nueces, estas últimas en niños mayores de 4-5 años.

Desayunar, como casi todo en la crianza, es un hábito que se va creando día a día. Esfuérzate por pasar 15-20 minutos sentado con tus hijos a la mesa, compartiendo las tostadas recién hechas.

LOS ALIMENTOS INTEGRALES

Muchos padres y madres me preguntan si es bueno que los niños tomen alimentos integrales. No solamente es que sea bueno, es que es lo recomendable. El pan, el arroz, la pasta y todo aquel cereal que podamos consumir, si es integral, mejor. ¿Y eso por qué? Pues porque en el proceso de refinado del cereal para convertirlo en pan blanco, arroz blanco o cereal blanco se pierde el salvado (la cáscara, la parte superficial del cereal que, además, es rica en fibra) y el germen (rico en vitamina E, vitamina B, ácido fólico, fósforo, zinc y magnesio), es decir, el valor nutricional del cereal blanco es claramente inferior al integral. Además, el consumo habitual de cereales integrales mejora la salud cardiovascular, previene determinados tipos de cáncer y mejora la salud intestinal entre otras importantes ventajas, como que los azúcares son de liberación más lenta que en el caso del cereal refinado y los productos integrales sacian más.

Cabe aclarar que los productos en que leas en la etiqueta «alto contenido en fibra» no son integrales. Tampoco lo es el pan o la pasta llena de semillitas o de color marrón; esto no dejan de ser trucos para simular que el producto es integral sin serlo. Ahora, eso sí, no perdamos el norte, que ya te estoy viendo ahora mismo tirar todo lo que tienes en la despensa y hacer una nueva compra con todo integral. Tranquilidad. Sobre todo si tus hijos son más mayores. Haz el cambio de forma gradual, para que se vayan acostumbrando al sabor y a la textura, y prueba. Si tus hijos son lactantes, lo tienes más fácil aún, pues se acostumbrarán rápido a lo que les demos. Así que no dejes pasar esta oportunidad. Su salud te lo agradecerá.

EL ALMUERZO

En los últimos años parece estar de moda almorzar a media mañana en el colegio. Yo no recuerdo haber llevado nunca un tentempié a la escuela cuando era niña; es más, estaba prohibido llevar comida al colegio. Si los niños disfrutan de un buen desayuno, no sería necesario. Aun así, no va a ser nuestro hijo el único que no lo lleve, evidentemente. Además, no todos los niños tienen el mismo apetito al levantarse, y eso hay que respetarlo.

¿Que tu hijo solo toma un vaso de leche para desayunar? No pasa nada, pues tenemos el almuerzo para completar el desayuno. Ten en cuenta que el desayuno engloba el de primera hora de la mañana y el almuerzo. Si por la mañana toma el lácteo, no le pongas un tetrabrik de leche para la hora del almuerzo, sino un bocadillo o fruta, por ejemplo.

A la hora de preparar ese tentempié que complemente el desayuno, no olvides los siguientes consejos:

- **Una vez más, huye de los zumos envasados.** No benefician en nada a su dieta, sino todo lo contrario. Desde el punto de vista nutricional son calorías muertas (mucha caloría poco nutritiva) y aumentan de forma importante el riesgo de presentar caries, obesidad y sobrepeso. Los sacia tanto que los niños que son malos comedores ya no prueban bocado a la hora de la comida y, además, se acostumbran a combatir su sed con refrescos.

- **Los niños han de beber agua.** Ponle una botellita de agua fresca.

- **Evita la bollería, el chocolate, las galletas y demás comida preparada y envasada.** Sé que es cómodo y te lleva dos segundos sacarlo de la despensa y metérselo en la mochila. Pero no lo hagas. No es bueno para los niños.

- **Ponle un pequeño bocadillo** de queso, de atún con tomate, etcétera.

- **Puedes alternarlo con fruta.** Con los más pequeños es muy socorrida la pequeña fiambrera con fruta variada troceada. A mí me funciona.

- **No te olvides de los frutos secos.** Son una excelente fuente natural de energía y calcio. ¿Sabías que las almendras tienen el doble de calcio que la leche de vaca? La leche tiene 140 mg de calcio por cada 100 ml de leche; ¡las almendras, 240 mg! Para aquellos niños que toman poca leche, un puñadito de almendras a la hora del almuerzo es una excelente opción. Tenlo siempre en cuenta, y dáselos cuando tu hijo tenga más de 5-6 años para evitar posibles atragantamientos.

Vamos con más datos. En el estudio enKid español se observó que el 96,4 por ciento de la población infantil y juvenil española consume algo más de siete raciones a la semana de galletas, pastelitos y bollería industrial (es decir, uno al día). El 88,2 por ciento toma a diario aperitivos salados, llegando la media a 2,7 raciones al día. En cuanto a los dulces y las golosinas, el 99,4 por ciento de la población estudiada ingería diariamente cuatro raciones de dulces y golosinas. ¿No te parecen unos datos alarmantes? A mí sí, sin duda.

Este tipo de productos no deben estar en nuestra lista de la compra semanal, al menos no como comida habitual. Otra cosa es que, si salís el fin de semana y os sentáis en una terracita, por supuesto que podéis disfrutar de unas patatitas, ¡cómo no!, o de tomar un helado mientras paseáis por la playa. Pero no como rutina.

Recoge a tus hijos en el cole con una botella de agua y un bocata o una fruta (o ambas cosas a la vez). Suelen salir con tanta hambre que en el trayecto del colegio a casa se comen lo que les lleves. ¡Aprovecha!

LA COMIDA Y LA CENA

A mediodía y antes de acostarse, prepárales platos saludables. Aquí es cuando les explico a los padres el plato de Harvard aplicable tanto para la comida como para la cena, tanto para ellos como para nosotros; sin duda la mejor opción para aprender a comer.

Divide mentalmente el plato en dos. La mitad de ese plato ha de ser verdura y un poco de fruta. Y la otra mitad la dividiremos a su vez en otras dos partes iguales: hidratos de carbono y proteína. Es decir, un cuarto de lo que coman ha de ser proteína. No al revés, como se suele hacer, dándoles una tortilla francesa pensando que es una cena buena y equilibrada. Error. Eso es solo proteína. ¿Dónde está el hidrato de carbono? ¿Y las verduras? En definitiva, esta es la composición correcta del plato:

- **Verduras (medio plato):** pon una ensalada en el centro de la mesa, ¡que no falte! Si la ven todos los días, terminarán picando, y sobre todo, si tú comes ensalada, ellos comerán ensalada. Puedes preparar verduras asadas, crudas, a la plancha, al ajillo, en puré…, como quieras, pero que representen la mitad de lo que van a cenar. Otras opciones son la escalivada, el gazpacho, el salmorejo, etcétera.

- **Proteína (un cuarto del plato):** carne, pescado, huevo o legumbres. Más pescado que carne; más carne de ave que carne roja. Evita las carnes procesadas como el beicon, el jamón york, el embutido o las salchichas.

- **Hidratos de carbono (un cuarto del plato):** un puñadito de arroz, de sémola de trigo o de patatas asadas, un montoncito de espirales de pasta o un trozo de pan. Todo ello, si es integral, mejor.

Ponles pequeñas cantidades y usa platos más pequeños. Esmérate en la presentación; haz que los platos resulten atractivos a la vista. ¡Ellos también comen por los ojos! Y no olvides que no es tan importante la cantidad como la calidad.

Así que ya lo tenemos todo. No es tan difícil, ¿no? Comprendo tu desconfianza ante opiniones diversas y cambiantes con el paso de los años. Pero he de decirte que la ciencia avanza, que las recomendaciones a veces cambian y que, como decía Julio Verne, «la ciencia se compone de errores, que, a su vez, son los pasos hacia la verdad».

6

NI FUERTES NI DÉBILES. VIVIENDO EN UNA TENSA CALMA

—Pero ¿qué haces tú aquí? —preguntó Silvia sorprendida ante una larga cola de clientes que esperaban a ser atendidos en la sucursal bancaria de aquel pueblecito de Elche.

—¿Yo? Pues vengo a que me actualices la cartilla —contestó un joven Gonzalo que se había recorrido más de 130 kilómetros en su moto para ir a verla.

Silvia se sonrojó, con la mirada esquiva, y sonriendo hizo lo propio, le actualizó la cartilla.

—¿Algo más? —preguntó ella recuperando la compostura.

—Claro, también vengo a por un abrazo —le espetó Gonzalo con su habitual descaro.

Fueron unos años intensos y felices.

—¿Qué clase tienes ahora? —preguntó Gonzalo bajo la puerta de la facultad.

—Macroeconomía, ¿y tú?
—Uf, yo química orgánica.

Tras unos segundos de miradas que todo lo dicen, Gonzalo, como siempre, tomaba el control:

—Venga, vámonos a comer a Segovia.
—¿A Segovia? ¿Desde Alicante? —preguntó una incrédula Silvia.
—A Segovia. Venga, sube.

Y así, en un *carpe diem* permanente, vivieron aquellos maravillosos años.

Gonzalo y Silvia entraron por la puerta de mi consulta hace ya seis años. Si algo he descubierto con los años de profesión es que no solamente llego a conocer muy bien a los niños, sino también a sus padres y madres. Con algunos solo me hace falta un vistazo rápido para saber si están bien, regular o mal. Hay familias con las que estableces una conexión especial, y esta era una de ellas.

—Lucía, venga, va, esto no puede ser normal —me dijo en una ocasión Gonzalo al tumbar al pequeño Mateo sobre la camilla.
—¿Qué ocurre? —le pregunté intrigada ante la efusividad de su afirmación.
—Pero ¿tú has visto lo que hace con las piernas y los brazos? Este niño se mueve más que el final de una rumba

—apostilló, dando palmas ante mi sonora carcajada y el consiguiente susto del bebé.

Y así era. Tanto es así que hace poco aún recordaba Silvia:

—Lucía, cómo me acuerdo cuando me dijiste en la revisión de los quince meses de Mateo: «Ojo con Mateín, que es carne de cañón para los accidentes infantiles, lo veo un poco kamikaze».

Caídas, golpes, porrazos… Mateo es un niño libre. Un explorador del mundo que le rodea, un rabo de lagartija.

—Nos tiene agotados —me confesaba Gonzalo—. Es que no tiene nada que ver con su hermano. Nicolás es tan tranquilo, es la flor de la pera, más tierno que el día de la madre.

Las risas estaban garantizadas cada vez que los veía citados en la agenda.

Los años fueron pasando entre revisiones de salud, catarros, otitis y algún que otro susto con la inmunidad de Nicolás que me hizo estudiar a fondo durante unos cuantos días.

Gonzalo acudía religiosamente a las citas con todos los informes perfectamente ordenados por fechas. Cada niño con su carpeta, y siempre con su libretita verde en la mano, donde tenía su vida entera agendada, todo bajo control y siempre puntual.

«Deformación profesional», pensé en muchas ocasiones. Aunque había estudiado la carrera de Química, Gonzalo era maquinista de tren. Entraba en la consulta sonriendo, bromeando. A cada uno de mis comentarios siempre le ponía una muletilla con la que terminábamos los dos riéndonos mientras el pequeño Mateo hacía de las suyas y Nicolás esperaba paciente en su sillita jugando con los cochecitos.

Silvia tenía que conformarse con venir cuando pedía el favor a sus compañeros de oficina, que habían hecho piña para ayudarla en todo aquello que estuviese a su alcance.

Nuestras visitas siempre terminaban con un:

—Dile por favor a Silvia que, si tiene alguna duda, me escriba.

Aquella mañana vi a Gonzalo sentado en la salita de espera, solo. Su semblante serio me puso en alerta.

—Buenos días, Lucía, hoy vengo sin niño.

Entró en la consulta despacio, no a lo torbellino como solía entrar él. Esta vez sus andares le delataban. Sus manos llenas de informes y papeles, su bandolera cruzada como siempre y sus ojos mirándome fijamente desde el mismo instante en el que se sentó en la silla.

—Diagnóstico confirmado —soltó a bocajarro con un ligero temblor de mandíbula.

Yo lo sabía desde hacía unas semanas; ellos también, pero les faltaba creérselo de verdad. Y esto no ocurre de la noche a la mañana. Paciencia, respeto y acompañamiento, esto es lo que se aprende con el paso del tiempo.

Cuando uno hace la maleta para iniciar el viaje de la maternidad, de la paternidad, intuyendo además que será el más intenso y revelador de tu vida, uno la llena de ilusión, de esperanza, de sueños por cumplir, de magia, de planes, de proyectos futuros, de fantasía y de amor, de mucho amor. Sin darnos cuenta dibujamos el mapa de lo que va a ser nuestra nueva vida, deseando ser padres perfectos, con hijos perfectos, con vidas perfectas. Sin embargo, nos olvidamos de que la vida se puede soñar, pero nunca dibujar sobre papel. De que la vida improvisa y que, por mucho que nosotros hayamos diseñado la perfecta hoja de ruta, la vida seguirá su curso…, su curso improvisado.

Y en esa improvisación, un día cualquiera para muchos, inolvidable para ti, a tu hijo le diagnostican una enfermedad inesperada. Y mientras al resto de tus amigos les preocupa qué marca de sillita van a comprar para el coche, a qué colegio le van a llevar, o si apuntarle o no a inglés porque aún es pequeño, a ti lo que te gustaría saber es si tu hijo va a tener alguna secuela, si va a sufrir dolor el resto de su vida, si va a ver como ven el resto de los niños, si se sentirá diferente con el paso de los años, en definitiva, si va a poder llevar una vida normal. Y empiezas a vivir, a sentir y a respirar en un mundo paralelo. Un mundo que tiene otra velocidad, otros valores y otro sentido. Un mundo del que ya no podrás salir porque lo más grande de tu vida, lo mejor de tu vida, habita en él.

Hacía unos días que Mateo cojeaba. Su rodilla derecha no anunciaba nada bueno. Aun así, quise darle un voto de confianza, ponerle un tratamiento y citarlo en unos días. Los síntomas no hicieron más que empeorar, por lo que en menos de una semana le hicimos todo el estudio con la sospecha de estar frente a una artritis idiopática juvenil, una enfermedad crónica con un pronóstico variable que podría afectar no solamente a su movilidad, sino también a su visión.

—Desde el primer día que empezó con esto no te gustó, Lucía —me confesaba Gonzalo un tiempo después—. No quisiste asustarnos, ni preocuparnos en exceso, pero al igual que tú nos conoces a nosotros, nosotros también te conocemos a ti, y cuando entré con el peque aquella mañana tumbadito en su carrito y vi tu cara al ver su rodilla inflamada, lo supe: «Aquí pasa algo». Observé detenidamente cómo elegías cada una de las palabras para informarme sin alarmarme. Recuerdo tu cara al leer los resultados de la analítica. La tengo grabada. Sé que intentaste disimular, pero tu habitual sonrisa se esfumó y, con ella, mi tranquilidad. Es más, supiste que hubo un momento de la conversación en el que dejé de escucharte. Tanto es así que recuerdo que me dijiste: «A ver, Gonzalo, céntrate. Mira, te voy a apuntar en un papel punto por punto los pasos a seguir y las personas con las que vas a hablar, así como las citas que tienes que coger». Y allí, como si fuera un chiquillo, me apuntaste la lista de tareas con siete pasos a seguir. Los siete primeros pasos de este largo camino del que ya llevamos miles de pasos andados.

—Cuando yo, desde la sucursal, con una cola de no menos de siete personas esperando, recibí un mensaje de Gonzalo que decía: «¿Puedes hablar?», me vine abajo —me decía Silvia meses después—. Lo sabía. Sabía que ese día tenía que haber ido con él. Él siempre bromea, a todo le saca la cara amable, pero aquel mensaje hizo que el corazón se me parara durante unos segundos. Mi jefe se dio cuenta en seguida y me llevó a su despacho. «Tómate tu tiempo, Silvia. Llama a tu marido, tranquila.» Y yo allí, sola, lejos de Gonzalo, de mi hijo, intentando comprender lo que trataba de explicarme. Porque lo peor de todo esto, Lucía, es verme aquí trabajando mientras Gonzalo se recorre hospitales con el pequeño Mateo. La flexibilidad en su horario y la posibilidad de trabajar por la tarde y por la noche hace que yo pueda trabajar por las mañanas. Él se encarga de los niños por las mañanas y yo, por las tardes y muchos fines de semana. Por tanto, el tema de los médicos, muy a mi pesar, le toca a él.

Silvia lo vivía con una tremenda ansiedad y, como suele ocurrir en estas situaciones, no era objetiva; en ocasiones, su nivel de autocrítica la arrastraba. Ella tenía la sensación de que apenas había venido a consulta. Sin embargo, yo la tenía muy presente, en ocasiones con Gonzalo y en otras muchas junto a su madre, Toñi, una mujer pequeña en tamaño pero enorme en corazón, con unos preciosos ojos verdes, iguales que los de su hija y los de su nieto Nicolás. Toñi, la «superabuela» que tan pronto acompañaba a su hija al médico como recogía sus lágrimas una a una, o se pasaba las mañanas cocinando para llenarles la nevera de comida a Silvia y Gonzalo, mientras su marido, el Nono Manolo, jugaba con sus nietos en el salón, llegando a olvidar que son sesenta años de vida los que los separan.

Con el diagnóstico prácticamente confirmado, los mandé a la unidad de referencia para que fuera valorado en profundidad e iniciara tratamiento lo antes posible. Gonzalo y Silvia decidieron buscar información y viajaron hasta Madrid en busca de la asociación de niños con artritis idiopática juvenil, ConArtritis.

—Hasta ese momento aún albergábamos la esperanza de que esto era una pesadilla —me dijo Silvia—. De que allí nos vería uno de los reumatólogos que más casos ve en España y nos diría que no nos preocupásemos. Pero no. Aquello fue un baño de realidad. Una toma real de conciencia del túnel en el que nos adentrábamos.

Y así fue. De golpe y porrazo, todas las otitis del hermano mayor, su operación de drenajes timpánicos, sus episodios febriles, sus faltas continuas al colegio por culpa de los mocos y los catarros, las noches sin dormir, las peleas entre hermanos, los celos, los horarios tan dispares que tenían que hacía que pasaran los días sin verse, el encaje de bolillos en el que se había convertido su vida de turnos y agendas, todo... pasó a un segundo plano. Todo eso se hizo pequeñito en comparación con el viaje que estaban a punto de emprender con Mateo, que no había cumplido aún los dos años.

Y de nuevo la vida haciendo de las suyas, improvisando. Y nosotros improvisando con ella.

Con la serenidad que le caracterizaba, Gonzalo, a la vuelta de Madrid, me explicó lo que le habían dicho los distintos especialistas que le habían visto. No había ninguna duda ya. El diagnóstico estaba confirmado.

—Lucía, aquella mañana, cuando fui a informarte de todo, recién llegado de Madrid y acostumbrado a tener mi vida absolutamente controlada, estaba hundido, no sabía a qué aferrarme, iba en caída libre directo al vacío —me confesó Gonzalo con los ojos llenos de lágrimas—. Necesitaba volver a tu consulta con todos los papeles y que reordenaras mi cabeza. No te lo creerás, pero aún tenía la esperanza de que me dijeras: «Bueno, pues vamos a ir viendo, no nos vamos a precipitar», como otras tantas veces. Pero no. En esa ocasión no me diste tregua. Ni una sola fisura. Nada. «Esto es lo que hay, Gonzalo. Ahora nos vamos a poner a trabajar.» Y acabaste con cualquier atisbo de esperanza de que mi hijo no tuviese esa enfermedad. Aquella mañana estaba tan triste, Lucía, tan abatido. Estaba deshecho.

Hablamos mucho de lo que supone una enfermedad crónica en un niño pequeño, de lo que le supone a él y al resto de la familia, de la carrera de fondo que empezábamos justo esa mañana. Hablamos de la esperanza, de los avances de la medicina, de los riesgos y precauciones que hay que tener con un tratamiento inmunosupresor como el que llevaba el niño, de su eficacia, de lo feliz que era el niño a pesar de todo, ajeno a lo que estaba sucediendo.

Contesté una a una la lista de preguntas que traía apuntadas, muchas de ellas preguntas sin respuesta, aunque las palabras de consuelo en estas circunstancias son suficiente para ir llenando vacíos y encender pequeñas luces entre tanta oscuridad. Él asentía, tomaba notas y respiraba hondo.

—Lucía, es que en los brotes tiene mucho dolor. Dime por favor cómo podemos gestionar su dolor. Fue desgarrador ver cómo le infiltraron la primera vez. Silvia se cogió el día, fuimos juntos. Nunca habíamos visto a nuestro hijo llorar de aquella manera. Siempre ha sido un niño tan duro y fuerte. Yo le sujetaba con todas mis fuerzas, deseando traspasar parte de su sufrimiento a mi cuerpo. No sé si lo logré.

Y cuando me confesaba esto tragando saliva y haciendo breves pausas, lo que no imaginaba es que a esa primera infiltración le seguirían otras muchas a las que acudirían los dos, unidos, junto a su hijo. Exactamente una cada mes y medio en los diez largos meses que llevábamos de enfermedad.

Gonzalo era el fuerte, el bastión de su casa. Pero esa mañana, a la vuelta de Madrid, se había quitado todas las capas y tan solo era un padre al que le habían diagnosticado una enfermedad crónica a su hijo de veinte meses. Un padre devorado por el miedo, por la incertidumbre de saber si afectará a su desarrollo, a su movilidad, a sus ojos... Un padre aplastado por la responsabilidad de llegar a casa y que su mujer agotada de tanto trabajar, de tanto luchar, no se viniera abajo. Un padre que quería seguir siendo la alegría de aquel hogar y el compañero de juegos de sus dos hijos.

Mantuvo el tipo, hablamos tranquilamente y sin dramas. Sonreímos incluso en un par de ocasiones. Yo sabía que esa mañana el resto de los padres de la lista sufrirían el retraso que llevaba, pero esperaba y deseaba que lo entendieran. «Hoy por ti, mañana por mí.» Y hoy le tocaba a Gonzalo.

Cuando terminamos, se levantó de la silla. Me levanté para acompañarle a la puerta y, cuando ya tenía su mano sobre el pomo, se dio la vuelta y me dijo:

—¿Y se supone que yo debo ser el fuerte, Lucía?

Y rompió en un llanto sereno que me conmovió. Sin secarse las lágrimas, pues ya nada importaba, me dijo:

—Tú sabes que yo paso muchas horas solo en mi trabajo. Muchas. Mi concentración en la cabina del tren es máxima, pero en cuanto me bajo, en cuanto me quito el uniforme, lo guardo en la taquilla y emprendo el viaje de regreso a casa, las lágrimas empiezan a brotar sin consuelo. Ya no puedo más, Lucía.

Y cuando un padre así, con todo lo grande que es, se viene abajo y lo ves llorando como un niño, tus recursos de médico se quedan cortos y es cuando tiras de corazón.

Con mucho esfuerzo contuve las lágrimas, y con una sonrisa de labios apretados le puse la mano en el hombro. Él me recibió con un abrazo. Y así estuvimos unos segundos hasta que se tranquilizó.

—No tienes que ser el fuerte —le contesté—. Aquí no hay fuertes ni débiles. Tienes que ser, simplemente. Ser y estar. Y si has de llorar junto a Silvia, lloras. Y si te tienes que dar cabezazos contra la pared, te los das. Pero déjalo salir. Haz piña con ella y remad a una. Unos días serás tú el fuerte y otros será ella, pero permaneced unidos. Lo vais a conseguir.

—Gracias, Lucía, no sabes lo que significan tus palabras para nosotros. —Guardó los papeles en su bandolera y se fue.

Los meses han pasado y Mateo ha tenido tres brotes de artritis en la rodilla derecha, dos en la izquierda, uno en cada tobillo y un brote de uveítis en el ojo derecho. Diez largos meses en los que, gracias a la medicación, Gonzalo y Silvia están, como ellos dicen, en «una tensa calma».

—En cuanto se levanta cojeando, nos miramos. No hace falta decir ya más. Sacamos la fuerza no sé de dónde y nos ponemos en marcha —me decían hace unas semanas—. Esto nos ha hecho muy fuertes y nos ha llenado de esperanza. La enfermedad de Mateo nos ha hecho relativizarlo todo. Estamos más unidos, aunque no siempre es fácil, pues el agotamiento, nuestra vida hecha un puzle y la sensación de haber perdido parte de nuestra vida para entregársela a nuestros hijos a veces hace mella. Eso sí, hemos cambiado nuestra escala de valores. Pocas cosas más importantes hay en esta vida ahora mismo que controlar la enfermedad de Mateo y que siga siendo un niño feliz y todoterreno como siempre ha sido.

—Lo va a ser, no lo dudéis ni por un instante —les contesté—. Y ahora, ¿os puedo pedir un favor?

—Claro que sí —me respondieron los dos sonriendo.

—¿Me prometéis que vais a buscar un hueco a la semana para cuidar el uno del otro?

Silvia se emocionó y yo con ella. Con mis dos manos cogí la suya. Gonzalo, con un esbozo de sonrisa, asintió lentamente con la cabeza.

—Gonzalo, en esa libretita verde donde te apuntas todo, donde tienes organizado hasta el último detalle de tu día a día, ¿serás capaz de sacar tres horas a la semana para pasarlas junto a tu mujer y evitar hablar de nada relacionado con los niños?

—Creo que sí, Lucía. Silvia es mi fortaleza. Gracias a ella estoy como ves, fuerte. Pero también es mi debilidad; su sufrimiento acaba conmigo. En las infiltraciones sujeto a Mateo con todas mis fuerzas en un intento de amortiguar el dolor en él y en su madre. Pero al mismo tiempo necesito darme la vuelta y saber que Silvia está ahí. A veces, cuando Silvia no puede acompañarme a alguna visita médica, me llevo a mi padre, ¿sabes? Él es el hombre más duro que conozco. Le digo: «Vamos, papá, te vienes conmigo al hospital». Y él, con todos los problemas linfáticos que tiene y con sus pies como botijos, que a veces parecen los pies de Espinete, se viene sin rechistar mientras la yaya Manoli, mi madre, se queda en casa con Nicolás coloreando y dibujando con él en un intento de mantener una inocente normalidad.

Ramón, el padre de Gonzalo, es churrero de toda la vida, pero tan pronto te está arreglando la moto como haciendo las veces de fontanero, carpintero, electricista o simplemente ejerciendo de padre. Grandes lecciones de vida nos dan los abuelos en estas circunstancias. ¡Cuántas veces los habremos subestimado! ¡Y cuántas veces he visto en la consulta cómo son capaces de tirar hacia adelante sin lamentos ni quejas! Mucho tenemos que aprender de ellos. Gonzalo y Silvia tenían la inmensa suerte de contar con los cuatro formando equipo, un equipo indestructible.

Silvia escuchaba con atención a su marido, con sus enormes ojos verdes inundados en lágrimas y sus largos dedos de pianista cubriendo sus labios temblorosos. Con su dulce voz dijo de pronto:

—Me siento sola, tremendamente sola. Cuando llega el fin de semana y él se tiene que ir a trabajar, yo me quedo en casa y digo: «¿Adónde voy con los dos niños? ¿Yo no sirvo para ser madre? ¿Y si se cae Mateo? ¿Y si se portan mal?». Y entonces decido no salir y quedarme en casa.

Antes de que prosiguiera la interrumpí y le dije:

—¿Cómo que no sirves para ser madre? Escúchame bien, eres una madre maravillosa y tanto tus hijos como tu marido tienen una suerte inmensa de tenerte a su lado.

Silvia apretaba con fuerza el pañuelo de papel que tenía en la mano derecha mientras con la izquierda sellaba sus labios.

—Cariño —prosiguió Gonzalo—, ¿no te das cuenta de que no podemos meter a Mateo en una burbuja? Si se cae y se hace daño, llorará, y si no, se levantará y seguirá jugando. Mateo tiene que llevar una vida absolutamente normal porque es un niño normal —sentenció su padre orgulloso.

Y es que este matrimonio llevaba tanto tiempo volcado en sus hijos, en los padres de cada uno, que ya con la edad tenían sus achaques, y en sus exigentes trabajos que se habían olvidado de ellos mismos.

—Te lo prometo, Lucía. Vamos a intentar buscar ese hueco para nosotros, lo necesitamos —me dijo Silvia limpiándose las lágrimas.

—Pero, cariño, ¿qué vamos a hacer tú y yo tres horas seguidas solos? Me acabo de quedar en blanco —bromeaba Gonzalo mientras le daba un beso en la mejilla a su mujer.

Cuando me monté en el coche de vuelta a casa y puse la música, pensé: si ya es difícil la crianza sin tener problemas mayores, qué complicado se hace cuando la vida te golpea donde más duele. Porque nosotros aguantamos lo que nos echen, ¿verdad? Ser padre o madre te hace casi indestructible, pero, si son los hijos quienes sufren, todo se desmorona, al menos temporalmente hasta que recoges todos los trozos y rehaces de nuevo el camino por el que avanzarás junto a la gente que está a tu lado incondicionalmente. Y en esta reflexión de pronto sonó una canción maravillosa de Birdy, *People Help the People* («Gente que ayuda a gente»), que en este capítulo se la dedico a esta familia.

Porque, al fin y al cabo, **en la vida se trata de esto, de ayudar, de tender la mano, de no dejar caer y de no perder nunca la esperanza.**

—¿Quién te ha enseñado a tratar a familias con niños con enfermedades crónicas? Recomiéndame algún libro —me dijo no hace mucho una estudiante de medicina, ávida por aprender más allá de lo que nos cuentan en la facultad.

Tras reflexionar unos segundos, le contesté:

—Nadie, no me lo ha enseñado nadie. La experiencia y la observación, nada más. Y te diré algo más —le dije—, esto es lo que he aprendido:

1. **Paciencia, respeto y acompañamiento.** No olvides estas tres palabras. Las familias necesitan su tiempo para asimilar lo que está ocurriendo. No debemos presionarlos nunca, ni desde el punto de vista médico ni tampoco si son nuestros familiares. Ellos llevan su ritmo y su propia velocidad. Hay que respetarlos siempre y acompañarlos en todo el proceso.

2. **Tenemos que animarlos a buscar asesoramiento y compañía en asociaciones de familias que padecen la misma enfermedad.** No hay mejor apoyo que el de padres y madres que conviven a diario con los problemas con los que tú te levantas.

3. **No permitas que los padres y madres sean tan autocríticos consigo mismos.** «Si me hubiese dado cuenta antes», «si pudiera estar más tiempo a su lado», «si tuviésemos más dinero», si, si, si... Ese hijo ha tenido una suerte inmensa de tener los padres que tiene. Ese es el mensaje. Eres una madre maravillosa, eres un padre maravilloso y, sí, lo estáis haciendo muy bien.

4. **Anima a las familias a buscar tiempo para sí mismos.** Juntos y por separado también. Todos necesitamos un respiro. Todos necesitamos nuestro momento de desconexión. No hay que sentirse culpable por ello.

5. **No hay fuertes ni débiles.** No hay roles. Esto no es un juego, ni un concurso. Hay una familia que debe estar unida. Unos días luchará más fuerte uno y otros días será el otro. Asúmelo. Quítate capas y máscaras, no finjas, es agotador. Y cuando necesites un relevo, pídelo. No estás solo.

6. **No metas a tu hijo en una burbuja.** Es cualquier otro niño que merece una infancia feliz. Normaliza todo lo que ocurre en su vida y normalízalo también frente a cualquiera de sus hermanos. Habla con naturalidad de la enfermedad. Sin penas ni lamentos. Ni su hermano «es el fuerte» ni él es el «pobrecito». Ambos son dos niños con sus deberes y obligaciones en casa. De vez en cuando, la enfermedad llamará a la puerta y será momento de ponerse los cinturones y quizá modificar un poco la ruta durante unos días, pero intentando normalizar su vida lo máximo posible.

7. **Y, por último, nunca pierdas la esperanza.** La esperanza nos mantiene vivos e ilumina a todos los que nos rodean.

Nunca encontrarás un arcoíris si estás mirando hacia abajo.

CHARLES CHAPLIN

7

NIÑOS, A LA CAMA

Si ahora mismo, cuando estás leyendo tranquilamente este libro, te preguntase: ¿cómo te gustaría pasar la última hora del día? ¿Cómo te gustaría que fuesen esos minutos antes de irte a la cama? Dime, ¿qué me contestarías? Piénsalo durante unos segundos.

Yo me he hecho esta pregunta varias veces y se la he hecho a infinidad de padres y madres. Las respuestas de todos, incluida la mía, han sido y son muy parecidas:

- «A mí me gusta tener un ratito para mí, para estar tranquila.»
- «A mí me gusta ver una serie en el sofá, sabiendo que los niños ya están dormidos.»
- «A mí me gusta sentarme en la cocina con mi mujer y cenar tranquilamente. Cuando los niños están acostados, es el único momento del día en el que podemos hablar.»
- «A mí me gusta meterme en la cama y echarles un ojo a las redes sociales, ver lo que hacen unos y otros, leer alguna cosa interesante.»

- «A mí me gusta coger un libro y leer.»
- «Para mí es un gustazo darme una ducha o un baño relajante.»
- «Nosotros nos tumbamos en la cama y hablamos y hablamos y hablamos. Claramente, ese es nuestro momento.»

En definitiva, lo que todos buscamos es tranquilidad. En soledad o en compañía, pero tranquilidad. A nadie le gusta acostarse enfadado, ¿verdad? Ni con gritos ni portazos. Ni tampoco nos gusta recibir amenazas ni castigos. Ninguno de nosotros podríamos mantener una situación así de forma indefinida, ¿verdad? Acostarse con esta tensión todos los días es una tortura. Lo es para nosotros y para nuestros hijos cuando el momento de irse a la cama se convierte en una lucha de poder que acaba con súplicas y lloros.

Si a ti te gusta tener un ratito de tranquilidad instantes antes de dormir, ¿qué te hace pensar que ellos no lo desean, que no lo necesitan igual que tú? ¿Crees que porque son más pequeños sus necesidades son más pequeñas que las tuyas? No te equivoques.

Ahora que ya han pasado más de diez años desde que emprendí este viaje, soy consciente de muchos de los errores que cometí con mis hijos en esos primeros años de crianza. Ya no me culpo, hace tiempo que he dejado de hacerlo. La vida es un aprendizaje continuo y por eso estamos aquí, yo escribiendo y tú leyendo, para seguir aprendiendo. Mis días y mis noches cambiaron cuando asumí algo tan sencillo como esto que estoy contando: nuestros hijos se merecen disfrutar de su madre o de su padre tranquila y serenamente minutos antes de cerrar los ojos tras un día agotador.

Sí, merecen unos minutos de mimos, de conversación y de juego antes de caer en un plácido e inocente sueño. Y es por ellos que decidí cambiar la forma en que nos relacionábamos por las noches, noches que en ocasiones se convertían en el momento más tenso del día. ¡Qué pena!, ahora que lo pienso. Se supone que debe ser uno de los instantes más placenteros de la jornada y, sin embargo, había momentos verdaderamente frustrantes, frustrantes para todos.

Hace años que tenemos una norma firme en mi casa: si nos acostamos antes de las nueve y media de la noche, tendremos cuento, o juego, o masaje, o lo que se nos ocurra. Si nos retrasamos más de esa hora, sintiéndolo en el alma, no lo habrá. Solo hizo falta un par de días sin cuento para que aprendieran a cenar a su tiempo, a cepillarse los dientes y a ponerse el pijama antes de las nueve y media para que, cuando llegara la hora, estuvieran tumbados en mi cama como dos angelitos esperando su recompensa. Y así llevamos más de cinco años.

No importa el día que yo haya tenido, si este ha sido bueno, regular o malo. No importa la cantidad de fuegos que haya apagado, a ellos no les interesa. No importa que esté cansada o que, cuando ellos se acuesten, tenga la lista de tareas pendientes aún sin terminar. No importa que haya discutido, que esté estresada o que tenga una llamada importantísima que hacer. Esa media hora les pertenece. Sí. Es el regalo que he decidido hacerles todas las noches de su infancia, sin excepción. He decidido meter en su mochila de recuerdos ese instante para que, cuando la abran siendo ya mayores, esos buenos y dulces momentos iluminen sus días. Porque no nos equivoquemos, nuestros hijos no recordarán el viaje a Terra Mítica, ni los regalos de cumpleaños, ni siquiera los últimos Reyes. Y si no, haz la prueba: pregúntale a tu hijo qué le trajeron los Reyes Magos hace dos años.

Nuestros hijos coleccionan momentos. Su mochilita de viaje la llenan de instantes que nosotros, sus padres y madres, les hemos ido regalando a lo largo de su vida: el paseo de camino al colegio y cómo te agarran fuerte de la mano a medida que te vas acercando; tu cara expresiva y entregada a la salida cuando salen arrastrando sus mochilas, cuando de la trenza del pelo que hiciste con esmero a primera hora ya no queda nada, cuando sus rodillas están más negras que el betún y la camiseta está manchada de salsa de tomate. Cuando a golpe de vista y con solo mirar sus andares, ya sabes si han tenido un día bueno, regular o malo. Cuando te dan un beso y un abrazo que te recargan las pilas mientras piensas que necesitan una ducha urgentemente. Y si en ese momento estás leyendo el móvil, hablando con otros padres o naufragando en tus problemas y tareas pendientes, te lo pierdes. Te lo pierdes tú y se lo pierden ellos.

Nuestros hijos meterán en su equipaje los ataques de risa que nos hicieron parar el coche y los momentos en que reíste tanto que te tuvieron que llamar la atención en un tren porque «molestabais» a los pasajeros:

—Cariño, ¿qué tal en la primera comunión de David?

—Bien, mami, lo único malo es que había mucho follón en la iglesia.

—¿Y eso, cielo?

—Pues porque, además de David, había veinte «comunistas» más.

Instantes, momentos y conversaciones que a pesar del paso del tiempo seguimos y seguirán recordando.

Hace unos días, mientras preparaba el desayuno en casa, me arranqué, cuchara en mano, a cantar y bailar una canción que sonaba en la radio ante las risitas nerviosas de mis hijos, que apuraban la taza de leche. Fueron unos cuantos segundos, pero suficientes para que mi vecino de enfrente me viera hacer el payaso.

Mis hijos se dieron cuenta antes que yo, por lo que sus carcajadas terminaron por despertar a toda la urbanización. Intenté «recolocarme» en mi papel de madre hacendosa preparando el desayuno, pero fracasé estrepitosamente. Aquello no había manera de arreglarlo. Así que no pude más que unirme a las carcajadas de mis hijos.

Ese día, mi hijo mayor se iba de excursión. La noche anterior no se podía dormir de lo nervioso que estaba, y entonces recordé la excitación con la que me metía en la cama cuando era yo la que pasaría todo el día fuera del colegio junto a mis compañeros. El lugar que visitar era lo de menos, lo emocionante era el viaje en autobús, caminar por la calle, salir de nuestro conocido y habitual entorno. Como no podía ser de otro modo, mi hijo volvió feliz de su excursión, contándonos un montón de simpáticas anécdotas. Esa tarde estuvimos juntos, yo en el despacho dándole a la tecla y él a mi lado viendo la tele con su hermana. Luego hicimos los deberes y finalmente jugamos al Monopoly. Como cada noche, preparé la cena, cenamos todos juntos en la cocina y, al terminar, subimos a la habitación. Como viene siendo habitual, nos tumbamos en mi cama y, mientras les acariciaba el pelo, les pregunté:

—¿Cuál ha sido el mejor momento del día?

Mi hijo lo tuvo claro. No dudó ni un instante.

—El momento en el que el vecino te pilló cantando con la cuchara y… ¡con ese minicamisón, mamá, qué corte!

De nuevo nuestras carcajadas despertaron al vecindario. El mejor momento no había sido la excursión que tanto tiempo llevaba esperando y que le había robado el sueño la noche anterior, no. El mejor momento no fue haber tenido a mamá toda la tarde para él, no. El mejor momento fueron apenas treinta segundos en los que Freddie Mercury, con su *I Want to Break Free*, se había convertido en un simple amateur a mi lado y al lado de la escoba que compartió baile conmigo. Momentos, eso es lo que coleccionan los niños.

Sí, los niños coleccionan momentos, no horas del reloj. Mientras tú miras el reloj a cada instante, calculando el tiempo que estás o dejas de estar con tu hijo, él ni siquiera sabe leer las manecillas de un reloj.

Así que a las nueve y media de la noche en mi cabeza suena una campana, la campana de desconectar de lo mío y reconectar con ellos. Nos tumbamos en la cama ya todos en pijama y uno de los tres dice: «¿Y hoy qué hacemos?».

Hay noches en las que leemos un capítulo de un cuento. Primero el cuento de Covi y luego el de Carlos. Es fundamental poner la entonación adecuada con cada uno de los personajes para que no pierdan el hilo y conseguir que se enganchen a la lectura.

Hay días en los que jugamos a las películas. Hacemos turnos, y mientras uno escenifica una película conocida sin poder emitir un solo sonido, los otros dos nos miramos confundidos porque no hay manera de entender qué quiere hacer con tanto aspaviento y tirándose por el suelo. La mitad de las veces nunca adivinamos de qué se trata, pero ¿y lo bien que nos lo pasamos?

Otras veces nos hacemos masajes en los pies; reconozco que esta actividad es mi favorita. Ponemos música, nos embadurnamos de crema y empezamos. Masaje, lo que se dice masaje no es, pero reírnos nos reímos un rato. Ayer justamente, mientras lo intentábamos, hubo un momento en el que Covi de pronto cambió el gesto, algo pasaba.

—¿Qué ocurre, cariño?

—Ay, mamá, que mañana tengo natación.

—¿Y qué pasa?

—Pues que yo no sé nadar bien, mami. Yo solo *chaputeo.*

—*Chapoteo*, cariño, se dice *chapoteo.*

Mientras yo intentaba aguantar la risa para que no se ofendiera por su comprensible error, su hermano se tapaba la cara con la almohada para ahogar en ella una carcajada.

—Carlos, corazón, no te rías de tu hermana, o ¿te tengo que recordar tu lapsus con el limón?

—¿Con el limón? —contestó él a la defensiva.

—Sí. ¿Recuerdas el remedio que nos dijo el abuelo para espantar a las moscas este verano en el pueblo? Nos dijo que había que poner un limón partido con algo sobre él, ¿lo recuerdas?

Carlos empezó a reírse con su risita nerviosa y nuevamente se escondió bajo la almohada.

—¿Qué dijo, mamá? —quiso saber su hermana.

—Yo lo cuento, yo lo cuento —se arrancó Carlos—. Pues que, después de ver al abuelito poner unas cositas pinchadas sobre el limón para que las moscas no se acercaran a la mesa, voy yo y le digo a mamá: «Mami, pon el limón con las estacas, que funciona para las moscas».

—¿Estacas? —preguntó su hermana.

Carlos y yo empezamos a reírnos sin control hasta que decidí levantarme de la cama, ir a la cocina y coger el bote de especias en cuestión. Se lo mostré a Covi.

—Cariño, esto quiso decir tu hermano: limón con clavos.

Los tres terminamos muertos de la risa, y aquella noche ni masaje, ni cuento, ni películas. Aquella noche solo hubo risas.

Durante mucho tiempo jugamos a nuestro «emocionario» casero. ¿Qué es eso?, os preguntaréis. Muy fácil: cojo un folio y lo corto en varios papeles rectangulares. En cada uno de ellos escribo una emoción: tristeza, melancolía, amor, deseo, celos, envidia, soledad, culpa, añoranza, vergüenza, asco, hostilidad, aburrimiento, admiración, confusión, placer, timidez, compasión, ira, tensión, alivio, decepción, asombro, frustración… Las ponemos boca abajo sobre la cama y cada uno elige una. Por turnos, cada uno de nosotros tendremos que describir la emoción sin decir la palabra. Cuando los otros dos la adivinan, tenemos que poner un ejemplo de cuándo nos hemos sentido así. Las respuestas te garantizo que no te dejan indiferente.

—Yo sentí esto cuando el lunes llegué al colegio y descubrí que el sábado había sido el cumpleaños de Adrián y no me había invitado. Todos mis amigos se pasaron la hora del recreo hablando de lo bien que se lo habían pasado —dijo Carlos con un hilo de voz.

El alma se me partió en dos porque de pronto recordé que su madre me había mandado la invitación hacía días en un mensaje al teléfono, pero, como ese fin de semana íbamos a estar fuera, se me pasó por completo comentárselo a Carlos.

—¿Y qué emoción es? —pregunté con miedo de saber la respuesta—. ¿Es tristeza?

—No, mamá. Es soledad.

Aquello me cayó como una losa. Abracé a Carlos con un sentimiento de culpa bestial, le expliqué lo sucedido y le pedí mil perdones.

—Tranquila, mamá, ahora lo que siento es… alivio.

Menudas lecciones nos dan nuestros hijos. ¿Qué sería de estos instantes si no los viviésemos con una atención plena, con una escucha activa? ¿Merece o no merece la pena dedicarles esos últimos treinta minutos del día para que los recuerden el resto de sus vidas?

Y mientras escribo estas líneas, ¿sabes qué recuerdos vienen a mí? El momento en el que mi padre me contaba el cuento por las noches. Venía tarde de trabajar; aun así, ese ratito nos pertenecía a él y a mí. *Caperucita Roja*. Siempre el mismo cuento, pero cada noche cambiaba un pequeño detalle que yo debía averiguar. Unos días eran galletas lo que llevaba en la cestita, otras magdalenas. Unas veces al lobo le faltaba un diente, otras le faltaban dos. Yo le escuchaba con tanta atención que aún recuerdo cada una de sus expresiones al imitar las distintas voces. Me encantaba.

No sé si pasé mucho tiempo con mis padres o poco, sinceramente. Pero lo que sí sé es que la mochila con la que llegué a la edad adulta estaba llena de recuerdos maravillosos a su lado: desayunos con churros todos los domingos; partidas de Trivial los sábados por la noche; ver juntos *Informe semanal* los viernes por la noche mientras yo hacía verdaderos esfuerzos por no dormirme; ir al videoclub todas las semanas para alquilar una película, la película de la semana; tumbarme en el sofá sobre las piernas de mi madre para que me rascara la espalda mientras veíamos la tele; verla a través del cristal del autobús del cole en la parada, siempre puntual, siempre sonriente, con la bolsita del bocata en la mano, bocata que nos comíamos mi hermano y yo de camino a casa mientras le contábamos mil y una hazañas. Recuerdo con especial cariño nuestros interminables viajes en coche desde Asturias hasta Benidorm en verano, a cuarenta grados, atravesando Castilla y sin aire acondicionado. Preguntando antes de llegar a León: «¿Cuánto falta?». Y peleándome en el asiento trasero con mi hermano por arañar un poco más de espacio en nuestro Renault 21.

**¿Qué les has regalado hoy a tus hijos?
Pregúntate al acostarte.**

Hay días fantásticos en los que todo sale rodado y la lista de momentos para el recuerdo es larga. Sin embargo, habrá días en los que te cuesta trabajo recordar un solo momento bueno en el día. Es normal, no te culpes por ello, no seas tan autocrítico, a todos nos ocurre.

Hagamos el esfuerzo al menos a la hora de irnos a la cama. Cambia el chip. Para. Aparca tus problemas y preocupaciones y céntrate en ellos, en su maleta de viaje. Porque esto es lo que yo quiero regalarles a mis hijos: una mochila llena de momentos, una mochila llena de vida. ¿Lo intentamos?

Yo del día de hoy me quedo con esta conversación que acabo de tener con Carlos y que voy a inmortalizar ahora mismo:

—Mamá, ¿cuántos glúteos rojos tienes? —me preguntó hace escasamente unos minutos.

Conteniendo la risa y con atención plena le dije:

—¿Glúteos rojos? Glúteos tengo dos, pero rojos, lo que se dice rojos no son. Son más bien blancos.

—¿Dos? —contestó contrariado—. Pero ¿no hay millones y van por la sangre?

—«Glóbulos rojos», cariño, se dice «glóbulos rojos».

8

APRENDER A VIVIR SIN MIEDO

Muy de vez en cuando, la vida te pone delante a personas que, nada más verlas, sabes que están hechas de otra pasta, que quizá por las dificultades que han tenido, que en nada se parecen a las tuyas, te muestran otra realidad, otros caminos, otra luz, y les dan otra dimensión a tus días. Esto fue lo que me ocurrió con Vanesa y con Paul cuando los vi por primera vez en la presentación de *Eres una madre maravillosa* en Zaragoza. Tras cruzar apenas cinco minutos de conversación en la firma de libros, ver el brillo de sus ojos y la sonrisa de su hija Lucía, les dije: «Vanesa, volveré a Zaragoza. Quiero conocer tu historia y, si me dejas, contarla al mundo».

Vanesa se emocionó tanto que me dio un abrazo. Un abrazo que repetiríamos cuatro meses después de nuevo en Zaragoza, cuando los vi entrar por la puerta del hotel donde me alojaba, dispuestos a abrir de par en par las puertas de su vida. En su momento intuí que detrás de ese cuerpo menudo, de su metro y medio de estatura y de su evidente minusvalía había una gran mujer y una historia sobrecogedora. Sin embargo, jamás pensé que me encontraría con lo que me encontré aquel domingo en plenas fiestas del Pilar.

Zaragoza, treinta y seis años antes…

—Parece que esta niña no mueve el brazo derecho —pensó en voz alta el pediatra tras explorar detenidamente a la pequeña Vanesa.

—Lo cierto es que no coge objetos con esa mano —comentó Cristina, su madre, mirando a su hija, que con nueve meses sonreía ajena a la lesión cerebral con la que había nacido y que marcaría ya el resto de su vida.

Ese fue el inicio de una infancia difícil entre quirófanos, hospitales, especialistas y largas esperas en salas de rehabilitación y fisioterapia.

«Vanesa, tú mejor te quedas aquí sentadita en el recreo, no te vayas a caer y tengamos un disgusto», se acostumbró a escuchar en el colegio por parte de sus profesoras.

«¿En bici, tú? No, imposible. ¿Patines? No, cariño, te caerías. ¿Saltar a la comba? Pero si eres coja…»

Y entre unos y otros metieron a Vanesa en una burbuja en la que el protagonista de su vida no era más que su 41,5 por ciento de minusvalía.

¿Naces o te haces? «Te haces. En este caso, la hicieron»,

sentenció rotundamente Paul, el marido de Vanesa. Un hombre de pocas palabras, pero certeras y directas.

Y efectivamente, de Vanesa hicieron una niña retraída, tímida y temerosa. Una niña sin apenas amigos que veía jugar a los demás niños desde su banco. Todos a su alrededor sumaron a su minusvalía la triste sensación de vivir en un mundo que no le correspondía. Todos menos Santiago, su padre. Él quería que Vanesa estudiase Derecho, que fuese jueza. Siempre supo que la vida que le había tocado a su hija le haría mirar el mundo con otros ojos y que eso es lo que necesitaba nuestra sociedad, personas que miraran más allá. Padre e hija se sentaban pacientemente en las incómodas sillas de aquellos largos pasillos de hospital esperando su turno para entrar en rehabilitación y luego comer juntos una hamburguesa como premio al titánico esfuerzo que hacía la pequeña Vanesa en cada una de sus sesiones.

—Cariño, conseguirás lo que te propongas.

—No sé, papi —decía Vanesa mirando su pierna y su brazo derecho más delgados, atróficos e inmóviles que los del lado izquierdo.

—Yo sí lo sé. Y esta tarde te enseñaré a montar en bici.

—¿En bici, papá? Pero si yo no puedo.

—¿Cómo que no puedes? ¡Claro que puedes! No quiero que vuelvas a decir eso nunca más, cariño. ¿Me oyes? Nunca más. Serás capaz. ¡Eres capaz! Lo harás. Probablemente de manera diferente al resto de las personas, quizá más despacio, pero lo harás.

Qué importante es mandar esos mensajes a nuestros hijos cuando su autoestima se está forjando día a día. Qué importante es transmitir esa seguridad, ese convencimiento, ese «confío en ti». ¿Cómo no vamos a confiar en nuestros hijos? Ellos son lo más grande que tenemos y lo más grande que haremos nunca. ¿Te das cuenta del inmenso poder que tienen esas tres palabras? «Confío en ti.» Para quien lo escucha supone un regalo, un soplo de aire fresco, un empujón. Y para un niño que, además, es nuestro hijo, supone un «soy capaz».

Fueron pasando los años. Vanesa intentaba hacerse un hueco en un mundo que aún no estaba preparado para personas como ella. Su abuela Rosa le recordaba cada día lo mucho que la quería.

—¿Me quieres, abuelita? —preguntaba ella sujetándose su mano perezosa.

—Hasta el cielo, mi amor, hasta el cielo.

Cuando aterrizas en la vida con un problema así, uno puede llegar a pensar que ya te ha tocado todo, que contigo ya se han cumplido las estadísticas. Sin embargo, la realidad supera a cualquier ficción imaginable.

—A los doce años, meses antes de entrar en la adolescencia, una parte de mí murió. Y murió para siempre... —me confesó Vanesa entre lágrimas.

Su padre fallecía, y Vanesa perdía uno de los apoyos más importantes con que jamás contó.

—Solo recuperé parte de ese vacío tan inmenso que me dejó cuando nació Lucía.

Pero antes de que eso ocurriese, Vanesa vivió una adolescencia en la que su mayor enemigo era ella misma. No podía mirarse al espejo, no le gustaba lo que veía. Se aislaba, se juzgaba y se sentenciaba antes incluso de salir de casa. «Nunca encontraré a un chico al que le pueda gustar», se repetía incesantemente.

Mientras ella no era capaz de mirar más allá de su minusvalía, de pronto apareció un chico de su misma edad que cada fin de semana la observaba detenidamente. Y mientras ella se perdía en las tinieblas de sus complejos devorada por sus fantasmas, Paul pensaba: «Es tan guapa que ¿cómo va a fijarse en mí?».

Al fin, tras más de un año de amistad en la que lo único que compartían eran amigos en común y alguna que otra mirada cómplice, Paul se lanzó. Como él me confesó: «Luchando contra mi baja autoestima, me dije, ¿y por qué no?».

—¿Quieres salir conmigo? —le pregunté a Vanesa.

Vanesa se quedó tan sorprendida que no pudo más que responderle: «Tengo que pensármelo».

—Y así me tuvo todo un fin de semana hasta que por fin me llamó —me dijo Paul entre risas—. ¡Todo un fin de semana, Lucía!

Vanesa y Paul se miraban y se reían recordando aquel momento de hace ya dieciocho años.

—No te lo vas a creer, Lucía, nadie se lo cree, pero Paul y yo coincidimos casi todos los fines de semana durante un año, y hasta que no pasó un mes de novios, no se dio cuenta de mi hemiplejia —me dijo Vanesa señalando su mano derecha.
—¿Qué pasa? Yo me fijaba en otras cosas —intentó justificarse Paul.

Y aquello me pareció maravilloso. Vanesa tenía tanta luz que todas sus sombras habían desaparecido a los ojos de Paul.

—Paul fue mi salvación. —Vanesa asentía con la cabeza agarrando con fuerza la mano de su marido.
—Para mí también lo fue —convino él, abriendo una rendija de su vida que ya se intuía difícil.

Con diecinueve años, y haciendo oídos sordos a los comentarios de su alrededor, lo tenían tan claro que se fueron a vivir juntos. La compenetración fue tal que se pusieron de acuerdo para estudiar y trabajar al mismo tiempo para sacar adelante su alquiler y sus gastos mensuales.

—Primero yo estudié Técnico Administrativo mientras él trabajaba, y cuando terminé de estudiar y encontré trabajo, empezó él a estudiar Programación.

Y así es como esta pareja, contra todo pronóstico, inició un proyecto de vida en común.

—Hemos estado bastante solos —me confesaba Paul—. Nos hemos hecho a nosotros mismos —decía con orgullo.

Su padre, Marcus, estadounidense y residente en Las Vegas, los ayudaba desde la distancia. Su madre, Gloria, hacía lo que podía. Los tíos de Vanesa, su propia madre, sus primos, todos intentaban arrimar el hombro, pero ellos tenían muy claro que, si habían tomado esa decisión siendo tan jóvenes, lo harían con todas las consecuencias. Y así lo hicieron.

—¿Un cuarto sin ascensor? ¿Estás segura, cariño?
—Claro que sí. ¡Adelante!

A pesar de la inagotable fuerza de Vanesa, la sociedad ya la había convencido de que no sería madre, de que ella no estaba preparada para ello.

—¿Cómo vas a criar a un niño con una sola mano? ¿Y si la lesión cerebral que tuviste se transmite de algún modo a tu hijo? ¿Serías capaz de ver sufrir a tu hijo como tú lo has hecho?

Preguntas y miedos que acababan con cualquier deseo de tener descendencia. Sin embargo, de pronto, Vanesa, en un momento de lucidez y soltando lastre, se dijo: «¿Y por qué no? Seré una madre maravillosa».

Al mes de casarse, Paul, ante el primer retraso de Vanesa, voló hasta la farmacia a por un test de embarazo para celebrar, minutos después, la llegada de Lucía.

Vanesa recordaba aquel día como uno de los más felices de su vida. No hubo tiempo para sombras, ni dudas, ni fantasmas. ¡Iban a ser padres! Pero como ella muy honestamente reconoció, «la euforia duró veinticuatro horas». Cada vez que iba al ginecólogo, le bombardeaba con decenas de preguntas, soñaba con las imágenes que veía en las ecografías, intentaba visualizar sus manos, sus pies...

—Parece que Lucía viene pequeñita —les dijo en una ocasión el ginecólogo.

—¿Pequeñita? —contestó Vanesa alarmada, incorporándose de la camilla.

—Pero, mujer, tranquila, ¿tú te has mirado? Mamá bajita, papá bajito, hijos bajitos...

Paul, sin embargo, vivió el embarazo con optimismo y con el convencimiento de que todo iba a salir bien. Es curioso cómo nos compenetramos para intentar compensar las aristas de uno y de otro.

Tras nueve largos meses de incertidumbre, Lucía nació al fin tras una cesárea urgente en la que todo salió bien.

—Cogí en brazos a mi hija, respiré al fin, sonreí, le olí la piel y tuve la sensación de haberla llevado en brazos ya media vida. Fue mágico —me confesó Paul.

A Vanesa le quedaba un largo camino aún por recorrer: miedo, desamparo, barreras, preguntas sin respuesta. Si un posparto ya es difícil de por sí, imagínate en sus circunstancias, donde inevitablemente toda tu infancia vuelve a ti. Donde sin pretenderlo proyectas tus fantasmas en tu hija, tus miedos y tus tinieblas.

—Fue muy duro. ¿Cómo lo iba a hacer? ¿Cómo iba a ser capaz? —me martilleaba cada mañana.

Pero claro que pudo, claro que fue capaz.

—Lucía se convirtió en la protagonista de mi vida. Mi discapacidad pasó a un segundo plano. ¿Necesitaba hacer las cosas más despacio? Sí, ¿y qué? ¿Quizá debía buscar otra manera de hacerlas, como me decía mi padre? Pues la buscaba y hasta que no la encontraba no cedía en mi empeño.

Vanesa se tiraba media mañana para intentar ponerse la mochila portabebés con su niña dentro y bajar los cuatro pisos de su casa para llegar al parque. ¿Te puedes imaginar la sensación una vez pisas la calle con tu hija en tu regazo tras ese esfuerzo por salir simplemente de casa?

—No siempre lo lograba —me decía—. A veces tenía que esperar a que llegara Paul del trabajo o a mi tía Carmen para ayudarme a bajar las escaleras. Eso sí, intentarlo lo intentaba siempre.

Y yo escuchaba a Vanesa y veía en aquel pequeño cuerpo una actitud frente a la vida tan arrolladora que me sobrecogía.

—Esa es la actitud que yo quiero mostrar a mi hija. Que las cosas se luchan y se intentan y se pelean, y luego ya veremos si las conseguimos o no, pero al menos lo intentamos con todas nuestras ganas. Es lo que siempre me dijo mi padre y lo que yo trato de transmitir a mi hija.

Y qué bien lo hicieron porque Lucía aprendió con doce meses a quitarse los zapatos, a ponérselos ella sola, a peinarse, a vestirse. En seguida supo atarse los cordones ante la mirada atónita del resto de los padres del parque. Y Vanesa se sentía muy orgullosa.

Los motivos por los que nosotros celebramos una nueva etapa en la vida de nuestros hijos, para Vanesa, temerosa, y como ella admite, «hipocondriaca de serie», suponían una barrera más. Llegó el momento de empezar el colegio y Vanesa tenía pesadillas con el hecho de que alguno de los compañeros de clase le dijese: «¿Y tu madre? ¿Por qué camina así? ¿Es coja? ¿Y el brazo? ¿Qué le pasa en el brazo?».

Sin embargo, esos comentarios jamás llegaron. Lucía era una niña feliz y alegre, adorada y querida por todos sus compañeros, y ninguno de sus amigos se percató de que su mamá era diferente de las demás. En la puerta del cole, Vanesa era simplemente «la mamá de Lucía».

Qué duros somos con nosotros mismos, ¿verdad?

—Paul ha sido siempre mi bastón, mi apoyo, mi fuerza en mis momentos de debilidad. Él siempre tan positivo y pausado… Pero Lucía es la que le ha dado sentido no solo a mi presente, sino a mi pasado y a mi futuro. Con los años fui ganando fuerza y perdiendo complejos, y todos los juicios y ataques que sufrí de niña me dieron alas. De pronto me vi una madre maravillosa. Sí, definitivamente me lo creía, aun con mis miedos a cuestas…

Lucía ya había cumplido los seis años. Era un buen momento para ir a buscar el hermanito. De hecho, llevaban meses buscándolo ante una Lucía entusiasmada con tener un compañero de juegos. En una ecografía rutinaria a la que Vanesa acudió sola, de repente, el suelo firme que pisaba se abrió bajo sus pies.

—¿Has venido sola? —le preguntó el médico.

—Sí. ¿Qué ocurre? —preguntó Vanesa alarmada.

—¿Cuánto hace que no vas al ginecólogo?

—Pues no llega a un año…

—Vale. Pues tienes que ir ya. Tienes un quiste en el ovario…

El médico no terminó la frase. Intentó elegir las palabras adecuadas para no generar alarma, pero no lo logró. Vanesa salió de la consulta llorando, asustada. Llamó a su madre, llamó a Paul, y en unos días y tras múltiples pruebas, de pronto se vieron los dos sentados frente a un médico que les decía:

—Tienes un tumor en el ovario de siete centímetros. Es malo. Tiene un alto grado de malignidad. Vamos a programarte una cirugía y empezar ya mismo el tratamiento. Eres muy joven y no tenemos tiempo que perder.

Vanesa y Paul se cogieron de la mano, se miraron aterrados y no fueron capaces de pronunciar una sola palabra más. El médico los dejó solos en la consulta para que pudieran digerir la información, si es que puede digerirse algo así en unos cuantos minutos. Al rato entró por la puerta.

—Sálvame la vida, sálvame la vida, por favor, que tengo una niña de seis años —le imploró Vanesa al médico antes de que se sentara de nuevo en su sillón.

Vanesa ya había perdido a su padre y no quería que su hija pasara por eso. No hay consuelo para tremenda pérdida. Paul, por su parte, albergaba la esperanza de que, al abrir el abdomen en la intervención, descubrieran que no era tan grande o que incluso no era maligno.

—Pero no, yo lo sabía. Sabía que era malo, aunque aún no podía ni pronunciar la palabra. Con las entradas de tu conferencia en mano, feliz como estaba al fin de conocerte, las tuve que guardar en el cajón, hacer la maleta e ingresar en el hospital —me confesó Vanesa meses después.

Aquello no era una intervención sin más. Aquello era una despedida ya de su futura maternidad. Había que extirpar útero y ovarios. No podían asumir ningún riesgo.

Durante esas semanas de pruebas, resultados, idas y venidas al hospital y preparativos, Paul se mantuvo fuerte y concentrado no solo en su mujer, sino en Lucía. Y en sus ratos libres, pocos en esos momentos, cuando necesitaba una vía de escape, Paul escribía. Sí, es escritor. La ciencia ficción, el terror y la fantasía ocupan una buena parte de sus pensamientos... Y escribe para él y también para su padre, porque era su padre su primer y más fiel lector. Así que, entre fantasía y realidad, Paul consiguió mantener intacto todo el pequeño mundo de Lucía.

Nada debía hacer sospechar a Lucía que mamá estaba tan malita, aún no. Todo a su debido tiempo. Así que Paul la levantaba, le preparaba el desayuno, la llevaba al cole, hasta que un día, dos días antes de la operación, Lucía cogió el teléfono y llamó a su madre que ya estaba ingresada: «Mami, estoy aquí con papá. Está llorando. El abuelito ha muerto». Sí, minutos antes de esa conversación, el teléfono había sonado y Roberto, el hermano de Paul, le daba la fatídica noticia.

—¿Sabes esa sensación de que no pueden suceder más cosas, pero siguen sucediendo? —me decía Paul—. Aquello fue tan inesperado y a la vez tan devastador por el momento en el que nos encontrábamos que ni siquiera tuve tiempo de pasar mi duelo. Aquí lo llevo aún...

Vanesa salió de quirófano con un diagnóstico en firme: cáncer de ovario.

—Toqué fondo. Los siguientes quince días fueron de una oscuridad desoladora. No quería ver a nadie, no quería hablar con nadie, no quería salir de la cama, no quería ni que me hablaran.

Paul y Lucía hicieron equipo, y sin demasiado ruido pasaron unas navidades tragando saliva y dejando los días pasar hasta que «mamá se encuentre un poquito mejor».

—La mañana de los Reyes Magos me dije: «¡Ya está bien! ¡Vamos a luchar! Tengo que salir de esto. Mi hija y mi marido me necesitan». Y eso hice.

Esa mañana se sentó junto a Paul y Lucía, y entre los dos y amorosamente le explicaron a su hija que mamá tenía cáncer.

—Fue la primera vez que pronunciaba la palabra. Le dije: «Mi amor, mamá tiene cáncer, ahora va a empezar un tratamiento con el que se me caerá el pelito. Tendrás que ayudarme a elegir una peluca con la que esté guapa guapa. Vamos a juntar fuerzas los tres y vamos a superar esta enfermedad, ¿vale, cariño?». Y Lucía me contestó abrazándome: «¡Claro que sí, mamá! ¿Y luego tendremos el hermanito?», me preguntó con inocencia. «No, mi amor. Ya no podemos traer a un hermanito a casa», le dije con la voz quebrada.

Tras unos segundos de silencio en los que Lucía miraba a sus padres, dijo: «No pasa nada, mami, lo importante es que tú te pongas buena». Y nunca más volvió a mencionar el tema.

Así que la familia al completo se puso manos a la obra. Llamaron a Sonia, la prima de Vanesa, peluquera de profesión, que le rapó la cabeza y les ayudó a elegir una peluca.

—Recuerdo el primer día que fui al colegio a buscar a Lucía con mi peluca nueva. Ella no me había visto aún. Yo iba con miedo de que no le gustara, de que alguno de sus amiguitos le dijera algo por verme así. Pero, de nuevo, todos esos temores eran única y exclusivamente míos. Lucía salió del colegio corriendo, rodeada de sus amigos. Fue hacia mí y dando saltitos me dijo: «Pero ¡qué guapa estás, mami! ¡Chicos, venid! Mirad qué guapa está mi madre».

Y en unos instantes, Vanesa se vio rodeada de media docena de niñas que saltaban a su alrededor celebrando su cambio de *look*.

El apoyo que recibió del colegio, de la profesora y de sus amigas fue tal que aún hoy hablando de todas ellas se le llenan los ojos de lágrimas:

—Todas las mamás del cole me ofrecieron su apoyo incondicional. Fue increíble. Por primera vez nos vimos apoyados y arropados de verdad por toda una red de personas. Ana, Jessica, Mari, Trini, Araceli, Cris y Belén…, es tanto lo que les debo.

Los días fueron pasando y, a la semana, Vanesa ya estaba cansada de la peluca.

—Me picaba, me molestaba, era incómoda de llevar..., así que una tarde entré en internet, compré seis pañuelos para la cabeza de todos los colores y doné la peluca a la Asociación Española Contra el Cáncer. Cuando me llegaron y me los probé, me vi yo de nuevo. Sí, definitivamente iba a lucir pañuelos con orgullo. Tengo cáncer. Bueno, ¿y qué? ¡Y aquí estoy yo, con mi cáncer, con mi hemiplejia y con mi niña!

Las sesiones de quimio eran difíciles, pero Vanesa se sentía fuerte. En su trabajo se portaron muy bien; también en el de Paul, al permitirle trabajar desde casa. En el colegio todo fueron facilidades. Los tíos, los primos y la madre de Vanesa y Lorena, su hermana, hicieron equipo, y todo ello junto a la arrolladora fuerza de esta gran mujer hizo de este camino, de este viaje, un trayecto algo menos duro. Porque parece que este tipo de detalles no tienen demasiada importancia, pero la realidad es que, si no hay una sólida red de amistades y profesionales detrás de estas familias, el camino se vuelve insoportable, insufrible y tremendamente doloroso.

Vanesa ya llevaba muchos túneles atravesados, demasiada oscuridad como para abordar este nuevo viaje en la penumbra, así que se rodeó de los mejores poniéndose en manos de la Asociación Española Contra el Cáncer, donde conoció a un grupo de terapia llamado Resiliencia con el que hoy en día sigue en contacto.

—Los lazos que estableces en esas circunstancias son tan fuertes y sólidos que rara vez se rompen. El cáncer te muestra quién está a tu lado y quién no, y aquellas mujeres pasaron a formar parte de mi vida. Tanto es así que, a pesar de haber terminado la terapia hace meses, tenemos tanta necesidad de vernos que nos reunimos un martes de cada mes en una cafetería para ponernos al día —me contaba Vanesa.

Vanesa tenía que someterse a un nuevo escáner tras finalizar los ciclos de quimioterapia. Vanesa y Paul llegaron al hospital fuertes de espíritu, pero temblando como chiquillos.

«Por favor, por favor, por favor», se repetía Vanesa mientras Paul apoyaba el brazo sobre el hombro de su mujer.

—Estás limpia, Vanesa. No queda ni rastro. Excelentes noticias —informó el médico con una sonrisa franca.

—Invencibles, cariño, somos invencibles —le dijo Vanesa a Paul.

Y justo en ese momento es cuando yo la conocí. En la presentación de *Eres una madre maravillosa*, seis meses después de mi primera visita a Zaragoza para dar la conferencia, cuyas entradas se habían quedado en la mesita de noche de Vanesa y Paul. Y allí estaban ellos con Lucía, escuchándome atentamente. Vanesa con su pañuelo, sin cejas, sin pestañas y pálida como la pared, pero con una sonrisa y una luz que llenaba toda la sala.

—He dejado de preguntar «por qué» para preguntarme el «para qué» —me decía Vanesa cogiéndome de la mano en aquella cafetería de hotel—. He aprendido a vivir. A vivir de verdad. A disfrutar del hoy, de los pequeños placeres que…,

¡Dios mío, son tantos! ¿Y sabes qué ocurre? Que hasta que no te ocurre algo así ni siquiera los ves. He aprendido a vivir sin miedo. Llevo toda la vida viviendo con miedo, miedo al qué dirán, a que me juzguen, a que me miren, a que le digan cosas a mi hija, a que nos señalen con el dedo. ¡Ya está bien!

—Sí, ha cambiado tanto que hasta ha empezado a utilizar faldas cortas —añadió Paul entre risas.

—Sí, tengo una pierna más delgadita que la otra, ¿y qué? A quien no le guste que no mire —contestó ella airosa levantándose ligeramente la falda—. Escucho a las madres del cole decir «qué rollo la reunión con los profes» y yo pienso: «¡Qué bien poder venir a todas las reuniones de Lucía y no perderme ni una!». Fíjate si me ha enseñado cosas el cáncer que hasta Paul y yo estamos más unidos. Esto nos ha hecho más fuertes. Más aún. Y sí, nos sentimos orgullosos de lo que hemos logrado juntos como pareja y como familia. El cáncer me ha ayudado a olvidar el pasado, a dejar de pensar en el futuro y a vivir el presente.

She, de Elvis Costello, sonaba en mi cabeza al mismo tiempo que escuchaba a Vanesa. Porque cuando Costello decía que «ella» es la razón por la que sobrevive, por la que está donde está y por la que está vivo, yo sin poder evitarlo pensaba en la pequeña Lucía y en su valiente madre.

Las horas pasaron entre confidencias, duelos y enseñanzas vitales. Cuando estábamos a punto de despedirnos tras una tarde inolvidable, aún absorta en su mensaje y en su luz, de pronto dijo algo que me dejó sin palabras.

—¿Te puedes creer que ahora soy más feliz? Sí, Lucía, el cáncer me ha enseñado a ser feliz. He aprendido a perdonarme por ser madre y por tener cáncer.

Y cuando regresaba a casa en el tren, enumeré uno a uno los aprendizajes que extraje de aquella mujer:

1. **Aprende a perdonarte, no somos perfectos.** La vida nos pone a prueba. No te culpes, cabeza alta, paso firme y a luchar.

2. **Habla a tus hijos con sinceridad de la enfermedad, con dulzura y sin miedo.** Podemos hablar con ellos casi de cualquier tema, eligiendo las palabras adecuadas. No lo olvides.

3. **Siempre que hables con tus hijos de lo que está ocurriendo, cuida los pequeños detalles, el entorno, el lugar, el tono de voz.** Míralos a los ojos, acarícialos, haz que se sientan seguros. Has de brillar más que nunca, aunque lo que cuentes duela. Si estás sereno y tranquilo, ellos también lo estarán.

4. **Disfruta al máximo de los placeres del día a día:** ir a recoger a tus hijos al cole, merendar juntos, acostarnos a su lado tras leerles un cuento, cocinar juntos, disfrutar de una peli en el sofá un viernes por la noche.

5. **Si en algún momento las fuerzas te flaquean, no temas, date permiso para llorar tu rabia, tu dolor y tu**

impotencia. Hazlo. Una vez lo hayas hecho, recomponte y a seguir luchando.

6. **Deja de pensar en el qué dirán.** Si llevas peluca, si llevas pañuelo, si no caminas como el resto, si te sobran kilos, si te faltan... Estás vivo, estás viva, tienes una familia maravillosa a tu lado. ¡Disfrútala!

7. **Tu actitud es ejemplo no solo para tus hijos que te observan todo el día, sino para quienes te rodean.** Sé generoso y comparte tus experiencias. Solo tú sabes lo importantes que son unas palabras de consuelo cuando más se necesitan. Solo tú sabes lo que reconforta sentirse reconocido y escuchado.

8. **No te aísles.** Busca apoyos: familiares, amistades, asociaciones. No estás solo.

9. **No sobreprotejas a tus hijos.** Ellos no tienen la culpa de tu enfermedad. Normaliza su vida todo lo que puedas. Tienen los mismos derechos y las mismas obligaciones que el resto de los niños. No deposites en ellos una responsabilidad que no les corresponde ni los aísles de la realidad que están viviendo.

10. **Espíritu de lucha, luz, realidad, fuerza y esperanza:** estos son los aprendizajes que tus hijos se llevarán de ti en su mochila y que, sin ninguna duda, dentro de un par de décadas rescatarán y les darán el impulso que necesitan para continuar su viaje...

9

APRENDIZAJES TRAS UN DIVORCIO

—Mamá, siéntate. Hoy tengo que contarte algo que te va a gustar —me dijo mi hija Covi este invierno.

—Dime, cariño.

—No, pero deja el móvil y atiéndeme —me exigió.

Apagué el teléfono, lo dejé en otra habitación, me senté a su lado y la miré fijamente.

—Verás, esta mañana estábamos preparando el día del padre en clase y de pronto Alicia se echó a llorar. Nos contó que sus papás se estaban separando.

—¿Y qué hiciste, cielo?

—Pues como era ya la hora del recreo, fui con ella y le dije: «Ali, es normal que estés triste, pero en un tiempo dejarás de estarlo. Mis padres también se separaron hace tiempo y, mira, aquí estoy yo la mar de contenta. Mi madre siempre dice que lo más importante es que estemos felices y tranquilos, aunque tenga que ser en dos casas distintas. Los sigo viendo a los dos, jugamos y nos lo pasamos genial. Seguimos siendo una familia».

Sus palabras me emocionaron. La simpleza con la que ella abordaba el tema tras tantos años me llenó de orgullo. Porque esto es lo maravilloso de los niños, hacen fácil lo difícil.

No nos engañemos, un divorcio, aun en el mejor de los escenarios, nunca es fácil, no lo es. Y no lo es para nadie. Es una experiencia que te transforma. Nunca vuelves a ser la misma persona, no pretendas serlo. Fracasarás. El cambio se produce en ti y en tus hijos, pero no temas, no es un cambio a peor, no debe serlo. Los aprendizajes son tales que, al echar la vista atrás, me parece increíble el largo camino que ya he recorrido junto a mis hijos. Es ahora, con la serenidad que te dan los años, que lo siento como una de las experiencias de las que más he aprendido en toda mi vida.

Sigo respondiendo a muchas preguntas que me hacen mis hijos, aun después de todo el tiempo que ha pasado. Y lo hago con tranquilidad, con honestidad y con amor, con muchísimo amor.

Este es mi primer aprendizaje: sé honesto con tus hijos. Contesta todas y cada una de sus dudas, preguntas y miedos. Y hazlo con valentía.

—Pero tú sigues queriendo a papá, ¿verdad, mamá? —me preguntó mi hijo Carlos justamente este fin de semana.

—Pues claro que le quiero. Papá me ha dado a las dos

personas que más quiero en este mundo, que sois vosotros dos, lo que ocurre es lo que ya os explicado muchas veces: hay muchas maneras de querer, y para compartir una casa y una vida hace falta quererse de una forma especial. Con el tiempo papá y yo descubrimos que todos íbamos a estar mejor si vivíamos en casas diferentes. El amor de una pareja a veces dura toda la vida y otras veces no, y no pasa nada, cariño, hay que tener la valentía de asumirlo e intentar ser felices. ¿Lo entiendes, Carlos?

—Claro que lo entiendo.

—¿Tú entiendes, cielo, que para mí es muy importante lo que vosotros queréis y deseáis, pero que también es muy importante que yo me sienta bien y que esté feliz?

—Sí, mamá. Se te nota cuando estás feliz. A mí me gusta verte feliz —me dijo, regalándome un sonoro y espontáneo beso en la mejilla.

De aquí obtuve mi segundo aprendizaje: mis hijos son muy importantes en mi vida, son lo más grande que tengo, pero mi felicidad y estabilidad también lo son. Jamás podré darles lo mejor de mí desde la tristeza, la apatía, la pena o el dolor.

—¿Verdad que se me nota cuando estoy feliz? Pues esto es lo que ocurre, cariño. Que en la vida a veces tenemos que tomar decisiones por los demás, pero cuando tu felicidad está en juego, entonces tienes que centrarte en ti mismo y escuchar lo que te dice tu corazón.

—¡Tus tripas! —añadió Carlos llevándose las manos a la barriga.

—¡Eso es! El retortijón que te da cuando tienes un examen y te avisa de que estás un poco nervioso, o las mariposas en el estómago y el calor en las mejillas cuando ves a la niña que te gusta.

Carlos asentía sonrojado.

Las preguntas no cesarán. Y no vendrán justo al principio, no… Las irán haciendo con el paso del tiempo y te las plantearán en los momentos más insospechados, aunque pasen muchos años. No te castigues. Es normal. No te culpes.

—Pero, mami, ¿tendrás un nuevo novio? —me preguntó mi hijo unos meses después del divorcio.

Como ocurre en estos casos, la pregunta me pilló desprevenida. Le senté sobre mis rodillas, tomé aire y le dije:

—Es probable, cariño. Igual que papá tendrá otras relaciones. Es lo natural. Somos muy jóvenes aún y ambos merecemos encontrar a una persona que nos cuide y que nos haga felices.

—Pero, mamá, tu novio no será como otro padre, ¿no?

—Por supuesto que no. Papá solo tienes uno y es un padre maravilloso. Te cuidará y estará a tu lado siempre, mi amor. Incondicionalmente.

En esa ocasión, mi hijo no hizo más preguntas. Se acurrucó en mi regazo y suspiró tranquilo. Con los años, las preguntas han sido cada vez más complejas y no siempre he tenido la respuesta de todas ellas. Pero sigo aprendiendo.

De aquella pregunta extraje mi tercer aprendizaje: mi maternidad es mía, de nadie más. Mi pareja es eso, mi pareja, mi compañero de viaje, alguien a quien yo elijo para disfrutar del camino juntos y para apoyarnos en los momentos de dificultad. Pero no es ni será nunca el padre de mis hijos. Mis hijos ya tienen un padre.

Es verdad que, tras un divorcio, las futuras relaciones te las tomas de otra manera, desde la perspectiva de haber luchado de forma descarnada por sacar adelante un matrimonio con dos niños pequeños; hasta que llega un día en el que descubres que es momento de dar por finalizada la lucha. Recoges todos tus trocitos, pones el contador a cero y empiezas de nuevo.

Todo en esta vida es relativo y todo está condicionado por nuestras experiencias previas. Mi escala de dolor físico cambió después de parir, por ejemplo. Lo que consideraba un dolor insoportable pasó a ser un dolor intenso, pero asumible. En el terreno sentimental ocurre lo mismo. Y no es que el futuro lo abordes de una manera más superficial o frívola, en absoluto, es simplemente que aprendes a simplificar, a dar importancia a lo que de verdad merece la pena.

- Me gustas.
- Te gusto.
- ¿Me haces la vida un poco más fácil?
- ¿Te compensa tenerme en tu vida?
- Me gusta llevarte en el pensamiento.
- ¿Sumamos juntos?

Pues adelante. Yo ya tengo una vida maravillosa que me hace muy feliz, no creo en las medias naranjas y sí en las naranjas completas. Soy feliz como soy y con lo que tengo. Si, además, apareces en mi vida y todo es un poquito mejor, adelante, arranca el coche que me subo.

Hace tiempo que intento rodearme de «facilitadores», aquellas personas que nos hacen la vida más fácil, que bastantes palos tenemos ya en las ruedas como para encima tener que aguantar a personas que nos lo pongan más difícil. Tenemos todos claro que esto no nos gusta, ¿verdad? Es importante aprender a poner límites a nuestros hijos; ¡hemos hablado de ello tantas veces! Pero qué importante es aprender a ponernos los límites a nosotros mismos y a los demás. «Dificultadores», al fondo a la derecha, por favor. Ah, y cierren la puerta al salir, gracias.

—Mamá, es que resulta que ayer me contó Jorge que su madre no le dejaba ir a ver a su padre y que su padre le contaba unas cosas horribles de su madre. Y me dio tanta pena, no sabía ni qué decirle —me confesó Carlos este curso pasado.

—Sí, cariño. A veces los adultos nos enfadamos tanto con una persona que sin darnos cuenta hacemos mucho daño a los que nos rodean.

—Pero ¡es su hijo! ¿Por qué lo hacen?

«Pregunta sin respuesta», pensé.

En la consulta me he encontrado con docenas y docenas de situaciones como esta que acababa de vivir Carlos en el colegio de mano de uno de sus mejores amigos. Momentos absolutamente surrealistas llenos de orgullo, odio y desesperación en que se sitúa a los niños en la primera línea de la batalla y sin escudo.

Y aquí va el cuarto aprendizaje, uno que todos sabemos ya y que nos lo han repetido hasta la saciedad: nunca utilices a tus hijos como arma arrojadiza. ¿Por qué se sigue haciendo?

—Él no se atreve a decirle a su madre lo que le ha dicho su padre, por eso me lo contó a mí. ¿Qué podemos hacer, mamá? Tenemos que ayudarle —me suplicaba Carlos en un intento de aliviar la angustia de su amigo.

¿Qué tipo de recuerdos se están metiendo en la mochila de su amigo y en la de miles de niños en sus circunstancias? ¿Qué consecuencias tendrá cuando sea adulto, abra su equipaje y vea a unos padres que se insultaban, se gritaban y generaban tanto dolor a su paso? ¿Cómo será su forma de relacionarse con sus futuras parejas?

Quinto aprendizaje: jamás hables mal de tu pareja a tus hijos. Tampoco en público. Respeto. Respeto hacia la persona que te ha dado lo que más quieres.

«Ya, Lucía, eso es muy fácil decirlo, pero…», escucho casi a diario. Y lo sé, no solo sé que es fácil decirlo, sino que sé que hay momentos en que es muy difícil llevarlo a la práctica. Lo sé muy bien. Pero nosotros somos los adultos y ellos, los niños, no lo olvides. Nosotros somos los que tenemos los recursos y las herramientas para controlar y frenar ese tipo de situaciones, somos los únicos responsables de nuestros actos. Así que, antes de entrar en estériles discusiones y ataques, para. Frena en seco. Eres capaz de hacerlo. No olvides que una retirada a tiempo es una victoria. Lucha lo que tengas que luchar, las circunstancias de cada uno solo uno las conoce, pero no metas en el *ring* a tus hijos, ni siquiera como espectadores. Mantén su inocencia y su infancia intacta. Por favor. Que cuando ellos nos recuerden lo hagan con el convencimiento de que lo nuestro fue una separación cordial y nada ruidosa, preservando en todo momento su bienestar y armonía. No hay mayor gesto de generosidad que este. Hazlo por ellos.

Los años pasarán y, efectivamente, somos aún jóvenes, jóvenes y con ganas de vivir, de seguir viviendo intensamente. ¿Qué hay de malo en ello? Todos merecemos ser felices, tengamos la edad que tengamos. En un divorcio no se acaba todo, no. Es un antes y un después, sí. Pero la vida es tan larga y tiene instantes tan maravillosos que merece ser vivida en plenitud. Por ello aparecerán en el camino otras personas. Es natural. Dales una oportunidad, pero sobre todo date a ti esa oportunidad. Date permiso para volver a ilusionarte, para volver a enamorarte, porque ten por seguro que te volverás a enamorar.

«Pero ¿es tu amigo? ¿Es tu novio? ¿Te vas a casar con él? ¿Le quieres? ¿Y a nosotros?» Podemos hablar con nuestros hijos de casi cualquier tema eligiendo las palabras adecuadas.

Mi sexto aprendizaje vino cuando me di permiso para volver a sentir: habla con tus hijos con sinceridad de la amistad, del amor y de sus diferencias a la hora de relacionarte con las personas. Sin miedo ni ambigüedades.

Llegado el momento, llama a las cosas por su nombre. Ten paciencia, no pises el acelerador, mantén esa pequeña parcela de tu vida en la intimidad hasta que te sientas cómodo, tranquilo y confiado, y si crees que es momento de decirles a tus hijos que tienes una nueva relación, hazlo. Con naturalidad y con amor. Sin ambigüedades ni adornos. Aquí hay dos personas que se gustan y se quieren, ¿qué hay de malo? Por mi experiencia personal y profesional con cientos de parejas en esta situación, los adultos complicamos tanto las cosas que, cuando las ponemos sobre la mesa junto a nuestros hijos, las lecciones nos las dan ellos a nosotros.

—Mamá, es que yo no quiero que tú estés solita… ¡Vamos a buscarte un novio! —me dijo en una ocasión mi hija.

—Cariño, no te preocupes por mí —le respondí con una amplia sonrisa—. Ahora mismo estoy genial así. Tú tranquila, que cuando tenga que llegar llegará.

—Bueno, pero antes que se pase por aquí para que le echemos un vistazo —contestó mi hijo Carlos desde el salón. El que parecía que no estaba en la conversación… Siempre están ahí.

Mi hija y yo nos reímos inocentemente como si estuviésemos a punto de hacer una travesura.

Es difícil borrar media vida al lado de una persona; es más, no hay por qué hacerlo. Yo siempre les digo a mis hijos que **lo importante de una familia no es vivir bajo un mismo techo, no es vivir juntos, sino vivir unidos.** Es por ello que en los acontecimientos importantes intentamos estar siempre los dos, papá y mamá: cumpleaños infantiles, tutorías con los profesores, festivales escolares, etcétera.

En la primera fase de la separación, lo que habitualmente nos pide el cuerpo es poner tierra de por medio hasta que deje de doler. Pero con los años he aprendido que, al igual que es importante estar en los buenos momentos, también es importante acompañar en los malos. Deberíamos tener la generosidad de ofrecer nuestro hombro si nos necesitan y ser ejemplo para nuestros hijos. Recuerda que nos observan todo el día.

—Esta tarde nos vamos a acercar al hospital, que han ingresado a papá porque el riñón le está dando la lata.

Y allá nos fuimos con una cajita de pastas que ellos mismos decidieron comprar. Lección de generosidad, empatía y respeto. Un recuerdo más para su mochila.

—Mamá, es que no puedo evitar estar triste cuando sé que tú estás sola o que papá está solo en vacaciones, sin nosotros.

Séptimo aprendizaje: valida sus emociones y no cargues en él responsabilidades que no le corresponden.

—Cariño, es natural que nos eches de menos. Yo también te echo de menos a ti. Ojalá pudiésemos estar todo el día juntos, pero no sufras por ello porque tanto papá como yo estamos fenomenal cuando no os tenemos. No estamos tristes porque sabemos que vosotros estáis en las mejores manos. Así que deja de darle a esa cabecita y encárgate de disfrutar a tope los días que estés con papi y deja de pensar en que yo me voy a aburrir. ¿Crees de verdad que me voy a aburrir? —le dije sonriente levantando las cejas.

Mis hijos son una fuente de inspiración continua, pero mis pacientes también. Hace unos meses vino a la consulta Josep, de doce años, y su hermano pequeño. Su madre ya me había adelantado por correo electrónico que iban a venir a una revisión rutinaria y me había puesto al día de su situación: «Nos acabamos de divorciar, Lucía. No está siendo fácil, sobre todo para el mayor. No sé si debo hablar de esto delante de él mañana en la consulta o decirles que me esperen fuera; de ahí que me ponga en contacto contigo», me anunciaba en el correo. Al día siguiente entraron por la puerta los tres, la madre y sus dos hijos. Tras varios minutos de conversación en la que, curiosamente, fue el hermano pequeño el que con toda la naturalidad del mundo me dijo que «papá ya no vivía en casa», su madre se levantó y se lo llevó al baño al comprobar que movía mucho las piernas y que, si no corría, se haría pipí allí mismo. Nos quedamos en la consulta Josep y yo.

—¿Qué tal, Josep? ¿Cómo vas? —le dije.

—Bien —contestó fríamente.

—Y tu hermano, ¿qué? ¿Se pone muy «pesadete»?

—Uf, sí. Nos peleamos mucho. Creo que por eso mi padre se ha ido de casa. Eso y que he suspendido dos este trimestre —soltó a bocajarro.

Octavo aprendizaje: no permitas bajo ningún concepto que tus hijos se sientan culpables.

Ellos nunca son el motivo de que dos personas dejen de estar enamoradas. No han de sentirlo así. Arrasamos con su autoestima y el sentimiento de culpa los devorará. Y si has de repetírselo infinidad de veces, lo haces: «Cariño, la decisión que hemos tomado no tiene nada que ver con vosotros. Os seguimos queriendo exactamente igual que antes, incluso más».

Las decisiones que tomamos los adultos dependen única y exclusivamente de los adultos. Recuerda, ellos han de permanecer fuera del *ring*, fuera del público, fuera de todo conflicto. Nada de espectáculos. Nada de fisuras. Ni una sola.

Los padres tenemos un sentimiento de culpa del que nos cuesta mucho desprendernos. Ese es el devastador sentimiento de culpa del que tanto he hablado en mis otros libros.

Noveno aprendizaje tras mi divorcio: no te sientas culpable por haber tomado una decisión pensando en ti.

Si tú no piensas en ti, si tú no te cuidas, si tú no te mimas, si tú no te escuchas para descubrir cuáles son tus necesidades verdaderas, ¿quién lo va a hacer?

Reflexiona, tómate tu tiempo, date todas las oportunidades que necesites, todas las que te pida el cuerpo, hasta agotar todos los cartuchos. No escuches el ruido exterior, no permitas que te juzguen. Conecta únicamente contigo, con tu hogar, con tus hijos, con tu familia, con el que aún es tu pareja. Y una vez tomes la decisión, adelante. ¿Con miedo? Por supuesto, un miedo atroz. ¿Con vértigo? Como lanzarte al abismo, igual. Pero con valentía. Con honestidad. Y con la certeza de que más allá de ese salto encontrarás una vida mucho mejor para ti y, por tanto, para todos los que te rodean. «Si yo estoy bien, ellos están bien», me repito con frecuencia. Son frases que nos repetimos como mantras, especialmente en los momentos duros.

Quizá el momento más difícil sean tus primeras vacaciones sin ellos. El primer día que te tengas que despedir de ellos respira hondo. Las primeras veces es difícil, claro que lo es, probablemente de las cosas más duras a las que te hayas enfrentado. Una gran cantidad de miedos y preguntas se agolparán en tu cabeza mientras les preparas las maletas. ¿Estarán bien? ¿Dormirán bien? ¿Me echarán de menos? ¿Se pondrán malitos? ¿Qué voy a hacer tanto tiempo sin ellos, tantos días? ¡Para! No te hagas preguntas. Hoy no. Lánzate respuestas.

- **Piensa que van a estar muy bien.** ¿Quién es la persona que más quiere a tus hijos aparte de ti? La respuesta es fácil. La persona con la que en su día decidiste formar una familia. Sí, van a estar muy bien. Van a descansar, van a disfrutar, van a reír, van a jugar, van a hacer un montón de cosas que probablemente contigo no suelen hacer. No cumplirán sus rutinas o más bien las tuyas, ¿y qué más da? Están de vacaciones, déjalos disfrutar. Olvídate de controlar, de pretender saber qué hacen en todo momento. No. Para de nuevo. Repítete una vez más: están en buenas manos, en las mejores manos. Y relájate.

- **Dedícate tiempo para ti, sí, para ti.** ¿No te pasas el año quejándote de que no tienes tiempo para tus cosas? Pues esta es tu oportunidad. Relájate, entra y sal de casa cuando te dé la gana. Vive y disfruta de tu libertad. Si te apetece sofá, helado y peli, ¡adelante! Es tu momento. Si lo que quieres, si lo que necesitas es salir, sal. ¡No entres más que para dormir! Llama a tus amistades, queda con ellas, ríe, rodéate de gente que te haga sentir bien, disfruta del verano, de las terrazas, de las tapas, de los tintos de verano. No estás solo, no, claro que no. No te aísles, no pienses demasiado.

- **Las semanas previas al momento de la separación de tus hijos, haz una lista con todas las cosas que te gustaría hacer y que con el ritmo frenético del día a día te ves incapaz de llevar a cabo.** Pues bien, en el momento en el que ellos salen por la puerta, saca tu lista y empieza a cumplir tus deseos.

No os voy a contar yo la lista que tengo en los veranos porque no terminaríamos nunca…, pero, no, no me lamento, ni me quejo, ni mucho menos sufro. ¿Les echo de menos? Por supuesto, horrores. Pero son ya muchas horas de vuelo las que llevo en esto y, como dicen nuestros mayores, la experiencia es un grado. Eso sí, cuando me toca despedirme, los beso muy muy fuerte, pero sonriente y feliz porque sé positivamente la cantidad de aventuras que van a vivir con su papá y lo felices que van a ser. Y en cuanto cierro la puerta, me miro al espejo y me digo con voz firme: «Muy bien, Lucía, ahora te toca a ti».

Y, por último, mi décimo aprendizaje. Este es sencillo, es breve, pero es el más importante de todos: tienes derecho a ser feliz, así que vive. Así, sin más. Vive. Date permiso. Siente y comparte. Y una vez hayas vuelto a VIVIR, descubrirás que lo demás es lo de menos.

Porque llegará un día en el que, tras creer haber vivido mucho, creer haber sentido aún más, creer haberlo conocido y sufrido todo, creer haber ganado batallas y haber perdido muchas más, creer haberlo reído y llorado todo, de pronto te miras en ese espejo del que tantas veces hemos hablado y encuentras a una mujer diferente a la que fuiste, a la que ibas a ser, a la que soñaste incluso que serías, y descubres que te gusta, te gusta lo que ves. Y miras a tu lado, de reojo al principio, llena de barreras y escudos y con la piel aún llena de tiritas y, sin darte cuenta, simplemente te desarman... Te emocionas al comprobar que las capas van cayendo una a una, que las heridas van cerrando, y respiras, tomas aire, y con la rotundidad que jamás has tenido te dices: ahora sí. Me quedo aquí.

Aquella mañana entré por la puerta de casa nerviosa; emocionada, pero al mismo tiempo asustada porque tenía el firme convencimiento de que cada una de las palabras que pronunciaría a continuación sería recordada por la inocente memoria de mis hijos.

—Niños, tengo que contaros algo muy bonito y muy bueno. Sentaos aquí conmigo —les dije a mis hijos.

—¿Qué pasa, mamá? —preguntaron los dos al unísono.

—Os voy a dar una pista: mirad qué hay en la mesa de la cocina.

Los dos salieron corriendo, dándose empujones y con su risita nerviosa, lo cual aumentó aún más mi excitación. Cuando se encontraron con un ramo gigantesco de rosas rojas, mi hija se lo arrebató de las manos a Carlos y dijo:

—Ay, mami, ay, ay, ay, que te han dado el Premio Nobel.

Carlos y yo nos miramos, sonreímos, y antes de que pudiera decirle nada, Carlos se adelantó y dijo:

—Nooooo. Mucho mejor: ¡mamá tiene novio!

Lo que sucedió a continuación me dejó literalmente sin palabras. Los dos empezaron a saltar y a celebrar mi nueva situación como si realmente les hubiese tocado la lotería. Tras explicarles detenidamente cómo habían ocurrido las cosas, tras contarles dulce y amorosamente lo feliz que me sentía y mostrarles unas fotos de él, tras contestar a todas y cada una de sus inocentes preguntas, como el «Pero ¿ya te ha dado un besito, mamá?»…, tras todo eso, los acosté.

Esa noche, Covi, en lugar de un cuento, me pidió otra cosa:

—¡Cuéntame cositas de él, a ver, mami! ¿Qué es lo que más te gusta?

—Pues mira, mi amor, tiene esas cualidades que has de buscar en las personas y que las convierte en extraordinarias: generosidad, sensibilidad, humildad, inteligencia, capacidad de escucha, dulzura y empatía.

Covi escuchaba atentamente con una sonrisa maravillosa que me llenaba de fuerza y de luz, y que arrasó, en unos pocos minutos, con la tonelada de peso que llevaba a la espalda.

Antes de terminar de arroparla, me miró a los ojos, sonrió y, tras un largo y sentido suspiro, me dijo:

—¡Ay, mami, estoy tan feliz!

—¿Y eso, cariño? —le pregunté intrigada.

—Estoy feliz de… verte a ti feliz.

Empatía en estado puro.

10

CUANDO QUEJARSE NO ES UNA OPCIÓN

Soy una gran lectora. Me gusta leer, aunque reconozco que, desde que mis hijos ocupan buena parte de mi tiempo libre, no leo todo lo que me gustaría, y cuando leo, muchas veces no son mis libros, sino los suyos, en ese ratito que tengo reservado instantes antes de irnos a la cama. Aun con todo, en mi mesita de noche siempre hay cola de lectura, tres o cuatro libros que esperan ansiosos su turno para ser leídos. Y aunque pase días sin abrirlos, me gusta tenerlos ahí.

Hay varias obras que, quizá por el momento vital en el que me encontraba, han supuesto para mí una verdadera revelación. Una de ellas es *El mundo amarillo* de Albert Espinosa, un libro que lo lees, lo ríes y lo lloras en una tarde, aunque el poso que deja en ti puede durar años. ¿Y por qué me gustó tanto? Entre otras cosas, con él le puse nombre a un grupo de personas que habían pasado por mi vida y que no sabía ni que existían, los amarillos. Según Espinosa, los amarillos son esas personas que sin tener necesariamente mucho en común contigo, sin haber pasado mucho tiempo con ellos, sin haber compartido más que unas palabras, dejan huella en ti. A veces son amigos que te acompañarán media vida, pero otras veces son simplemente conocidos, en ocasiones ni siquiera eso, y son seres que se cruzan en tu camino y desaparecen.

Yo he llegado a la conclusión de que tengo «amarillos permanentes» y «amarillos fugaces». Los permanentes son aquellos que sé que están y estarán; solo me hace falta descolgar el teléfono para encontrarlos al otro lado con un «aquí estoy». A veces no necesitamos que nos den lecciones magistrales, ni siquiera que nos digan que todo va a salir bien. Muchas veces lo único que necesitamos es escuchar ese «tranquila, no estás sola». Por otra parte, los amarillos fugaces son las personas que se han cruzado en mi vida y con las que he compartido algo que definitivamente ha traspasado todas mis barreras y escudos. Y aunque pasen las semanas, los meses o los años, de pronto un día reaparecen en mi memoria y le dan un toque casi mágico a mi día.

Desde que sé de la existencia de estos amarillos fugaces he desarrollado un sexto sentido para identificarlos. Estoy alerta y pendiente de esas conversaciones que sé que me llevaré a la cama al anochecer, de esas miradas imposibles de olvidar o de esas historias que te roban el aliento y te arañan el alma.

Carol es una de esas personas. Se cruzó en mi camino en el momento más inesperado. Según estaba hablando con ella por primera vez, supe que no olvidaría nunca a aquella mujer de cuerpo frágil y mirada limpia. Supe que siempre me acompañaría, que no iba a pensar en ella a diario, ni mucho menos, pero que periódicamente su recuerdo volvería a mí y me llenaría.

Viajaba hacia Donostia desde Pamplona, donde había dado una conferencia con un público entregado del que me llevé multitud de sensaciones. A veces me preguntáis si me compensa dar dos y tres conferencias al mes y recorrerme media España. ¿Que si me compensa? Sin ellas nada de esto tendría sentido. Poner nombre y cara a los cientos de correos electrónicos que recibo, escuchar vuestras carcajadas y sentir vuestras lágrimas cuando entramos de lleno en aquello que más duele le da sentido a tanto trabajo y esfuerzo que hay tras esta pantalla.

Aquella noche llegamos mi hermano José y yo a Donostia hacia las once de la noche. No nos quedaba mucho tiempo para descansar antes de la conferencia del día siguiente. Aun así, no renunciamos a una cena tranquila, haciendo balance de aquel intenso fin de semana navarro-vasco. Porque mi hermano, como yo, es amante de los placeres sencillos, y aunque estemos reventados, él suele decir: «No perdamos las buenas costumbres, Lucía. Vamos a cenar como nos merecemos con una buena cerveza y una tabla de quesos».

Cuando llegamos al hotel, antes de acostarnos, me dispuse a abrir la bandeja de entrada del correo electrónico y comprobé cómo los correos entraban por docenas, todos ellos con un «gracias», «inspirador», «no cambies nunca»... Entre todos ellos, a última hora y justo antes de caer rendida, entró el último del día. «Leo este y me acuesto», pensé.

No puedo contestar a todos los correos. En ocasiones se quedan ahí durante días o semanas, y en los ratos muertos los contesto con la atención que merecen. Pero leerlos los leo siempre todos. Aquel sería el último, ya lo contestaría en otro momento. Sin embargo, lo que no imaginé es que aquella carta escrita por Lorena iba a entrar directa y de lleno en mi corazón. Lorena empezaba con un «espero que te dé tiempo a leer este email antes de mañana». Me incorporé en la cama y empecé a leer.

«Querida Lucía, te voy a pedir un favor», me decía Lorena. Me confesaba que Carol, su mejor amiga, me admiraba mucho, que, sin conocerme, me quería. Que leerme le daba luz y alas, y me pedía por favor que le dedicara unos minutos para hablar con ella antes de empezar el taller. «Conocerte y darte un abrazo para agradecerte todo lo que tus libros le han ayudado es uno de sus sueños», añadía.

Las palabras de Lorena contándome retazos del difícil día a día de su querida amiga me conmovieron. Le contesté en el momento: «Por supuesto que podremos hablar. Yo llegaré dos horas antes a la sala, venid cuando queráis». Y me dormí pensando en esa madre, en sus días, en sus noches y en su hija Valentina.

Cuando a la mañana siguiente llegamos José y yo a la sala e hicimos todas las pruebas de luz y sonido, le dije:

—José, va a venir una mamá que se llama Carolina. Vendrá acompañada por una amiga que se llama Lorena. Por favor, cuando les recojas las entradas, fíjate bien en los nombres y avísame.

Volví al interior de la sala para seleccionar la música que quería que sonara cuando entrara la gente. Como ya sabes, doy mucha importancia a los pequeños detalles, y cuando las condiciones nos lo permiten, me gusta que la gente llegue, se siente y esté ese ratito esperando con buena música de fondo. Cuando aún faltaba más de media hora para empezar, me llegó un *whatsapp*: «Lu, Carol acaba de llegar. Se ha sentado en la tercera fila por la derecha, junto al pasillo. Lleva una chaqueta roja y a su lado tiene un andador».

Me levanté, dejé de hacer lo que estaba haciendo y fui directa a ella. Es difícil explicar la cara que puso cuando vio que me acercaba. No sé quién de las dos estaba más emocionada. Carol temblaba, su amiga Lorena lloraba. Al primer golpe de vista supe que para ella levantarse supondría un esfuerzo titánico, por lo que me senté junto a ella y nos dimos un cálido y sentido abrazo, de los que duran varios segundos.

—No me puedo creer que te tenga aquí —me decía Carol con voz quebrada.

Y yo lo que no me podía creer es que pudiera despertar estas emociones en otra persona que ni siquiera me conocía.

Tras los primeros segundos de emoción, de lágrimas, de cogerme las manos y apretarme fuerte, me contó su historia con una sonrisa llena de luz.

—Lucía, a los veintitrés años me diagnosticaron ataxia de Friedreich, una enfermedad neurodegenerativa que cada día va mermando poco a poco mi movilidad y mi vida. —Sonrió, cogió aire y prosiguió—: Me dieron siete años de vida y ya han pasado diecisiete. Me dijeron que no podría tener hijos y aquí tengo a mi Valentina, que juega por la casa y me da la fuerza que necesito para levantarme cada mañana y caminar.

«Levantarme cada mañana y caminar —me repetí yo mentalmente—. Y caminar.» Su objetivo al empezar la mañana no era tener un buen día con pocos problemas, llegar a tiempo al trabajo, hacer todas las tareas pendientes, no, sino que su objetivo al abrir los ojos era levantarse y caminar.

—No siempre lo consigo. La enfermedad me quita años de vida, los médicos me quitan años de vida y mi hija me da los años que nadie creía que viviría.

Y yo en ese momento pensé en mi hija Covi, en mi hijo Carlos, en cómo cambiarían sus vidas si mamá tuviese que hacer un esfuerzo sobrehumano para levantarse cada mañana y dar unos cuantos pasos ayudada de mi andador.

Carol avanzaba en su relato mientras el resto de la gente entraba en la sala. Nosotras, ajenas a lo que sucedía a nuestro alrededor, nos cogíamos de la mano y nos mirábamos a los ojos.

—Estoy tranquila, Lucía, estoy serena. Esto es lo que intento transmitirles a mi hija y a mi marido, Fernando, todos los días. Quizá no pueda darles lo que dan otras mujeres, pero luz y esperanza, toda la del mundo. Fernando me conoció enferma y aun así luchó por mí. Sabía de mi enfermedad, de mi esperanza de vida, de mi final. Yo no quería formar una familia. ¿Para qué? ¿Para condenarlos? Pero ¿sabes qué ocurrió? Que nos enamoramos, Lucía, nos enamoramos y decidimos luchar, luchar juntos hasta el final, llegase cuando llegase. Recuerdo el día en que me invitó a salir —me dijo con un brillo especial en sus ojos—. Vino en su moto, con un girasol en la mano. ¡Estaba tan guapo!

Yo sonreía emocionada, imaginando la escena.

—Pero el momento más emocionante de nuestra difícil historia de amor fue justamente en el hospital. Yo estaba ingresada, él no se separaba de mí, me sentaba en la silla de ruedas y me sacaba de la habitación para respirar un poco de aire fresco. Una noche, a las tres de la madrugada, caminando por aquellos pasillos, nos paramos en unas sillas que había al lado de la puerta de la UCI, me miró a los ojos, cogió mi mano, me puso un trocito de papel hecho anillo y me dijo: «¡Cásate conmigo!».

Imposible contener las lágrimas tras esta durísima y a la vez generosísima muestra de amor y valentía. Me sequé las lágrimas con la mano, apreté fuerte la mandíbula, los labios, seguí escuchando, y Carol continuó con su inspirador relato.

—Fernando me da ese impulso que necesito. Me hace reír todos los días. Me levanta de la silla y bailamos, más bien hace que bailemos. Nada tendría sentido sin él a mi lado, él y Valentina son todo lo que tengo. No tengo otra familia, no la tengo…, pero esa es otra historia, Lucía, no he venido aquí a contarte penas. Fernando es mi voz cuando no soy capaz de articular varias palabras seguidas, él es mi mano cuando las cosas se me caen y mis piernas para correr detrás de nuestra hija. Yo le muestro todo lo que quiero dejar a Valentina cuando yo falte. Porque eso no podemos obviarlo, antes o después se quedarán ellos dos solos. Soy muy realista —me decía con una sonrisa serena—. Tengo una discapacidad del ochenta y siete por ciento. No sé ni cómo he podido venir, mi corazón no funciona, Lucía. A veces me falla. Tengo mi parche de nitroglicerina para controlar las anginas que me van dando, pero yo hoy tenía que venir a conocerte. Eres mi luz, eres mi calma en esos días en los que todo se derrumba. Leerte me cura. ¿Y sabes qué? Que soy muy feliz, Lucía. Soy muy feliz de estar aquí, de tener la familia que tengo…, soy muy feliz por estar viva.

«Soy muy feliz por estar viva», sus palabras retumbaban en mi cabeza mientras mi lento parpadeo contenía las lágrimas.

—No me quejo, no me puedo quejar con la cantidad de cosas bonitas que tengo a mi lado. Mi hija es maravillosa… Ella me cuida, me espera, me dice: «Mami, tranquila, yo espero, no te preocupes», mientras me ve avanzar lentamente con mi andador. Pero yo me levanto y lo hago, y lo hago por ella y lo hago por mí. Qué necesaria es la tranquilidad en este mundo de locos que llevamos. Yo me levanto todos los días a las cinco y media de la mañana con mi marido. Él se va a trabajar y yo empiezo a prepararlo todo para que, cuando se levante Valentina, el desayuno esté listo y ella no perciba ni prisas ni agobios. Así que a las ocho ya lo tengo todo preparado para despertarla a besos y desayunar juntas.

Su relato fue tan conmovedor que me dejó con un nudo en el estómago que me duró días. Finalmente, tragando saliva, conseguí decirle:

—Carol, ¿eres consciente del legado tan grande que le estás dejando a tu hija? Ese amor, esa paz, esa luz... Valentina será una madre maravillosa.

Y en ese momento me cogió las manos y me las besó mientras sus lágrimas caían a borbotones. Fue un momento absolutamente inolvidable. Dos madres con dos vidas tan distintas pero unidas por el dolor, por la inspiración y por el amor hacia nuestros hijos.

Durante la conferencia no pude evitar hacer referencia a ella y a lo que minutos antes había experimentado con ella ante un público tan emocionado o más que yo.

Y es en estos momentos cuando todos los problemas de uno se diluyen, cuando uno dice: «¿Qué haces quejándote? ¡Abre los ojos! Mira lo que tienes al lado. ¿Que no te quedan fuerzas? ¿Que estás cansada? Mira a Carol, mira a su hija Valentina, mira a su marido Fernando». Y es entonces cuando **doy gracias por todo lo que tengo y por tener la oportunidad de cruzarme en el camino con familias como la de Carol, que me abren los ojos y el alma.**

Fui absolutamente feliz cuando la vi reírse a carcajadas a lo largo de toda la conferencia. Tanto es así que en algún momento tuve que parar contagiada por su risa. Contuve las lágrimas cuando vi cómo con sus manos temblorosas recogía sus lágrimas en los momentos álgidos de la conferencia. Y me deshice cuando esperó pacientemente toda la cola de firmas y con mucha dificultad subió las escaleritas ayudada por su marido, con Valentina correteando por el escenario.

—¿Quién es la mejor mamá del mundo? —le dije a Valentina arrodillándome para estar a su altura y apartándole el pelo de la frente.

—Mi mamá —contestó ella corriendo hacia su madre para darle un abrazo.

Y cuando volvía en el tren, agotada, y a pesar del cansancio y de la intensidad del fin de semana, de los tres días que les robé a mis hijos, pensé: «Muy bien, Lucía. Muy bien». Y me llenaron una sensación de paz y gratitud que me animaron a seguir, a seguir escribiendo, a seguir acompañando, a seguir compartiendo y a seguir sintiendo. Porque, como digo siempre, **«sintiendo, aunque suframos un poco más, la vida es mucho más bonita».**

Al llegar a casa, senté a mis hijos en la cocina, les mostré las fotos de Carol, de Valentina y de Fernando, y compartí con ellos mis aprendizajes tras conocerlos y tras haber tratado ya con docenas y docenas de madres y padres que educan a sus hijos con su discapacidad a cuestas:

1. **Mira a tu alrededor. Piensa en Carol y deja de quejarte.**

2. **Querer no siempre es poder, pero hay que intentarlo.** Lo intentaremos siempre.

3. **No prejuzgues, no juzgues, no sentencies.**

4. **No los mires con pena, con lástima, con condescendencia. No los subestimes.** Su fuerza supera con creces a la nuestra.

5. **Trátalos como a cualquier otra persona.** Ellos solo desean normalizar su realidad. No los hagas sentirse diferentes.

6. **No hagas preguntas, sé respetuoso.** Aprende a escuchar.

7. **Ofréceles todo tu apoyo sin recordarles continuamente sus limitaciones.**

8. **Confía en ellos.** Ellos pueden hacerlo mientras no te digan lo contrario.

9. **Aprende de ellos.** Son ellos los que nos enseñan a todos nosotros lo que verdaderamente importa en la vida.

10. **Y, por último, hazles la vida fácil.**

11

MADRES AFRICANAS, LAS HEROÍNAS DEL PLANETA

¿Qué estudiante de medicina no ha soñado alguna vez con visitar un país subdesarrollado con mochila a la espalda y darles sentido a tantos años de estudio encerrado entre cuatro paredes?

«Ahora no es el mejor momento», te repites infinidad de veces.

«Con la cantidad de exámenes que tengo ahora y el final de curso a las puertas, ¡como para irme ahora!»

«¿En vacaciones? ¿Después del año que he pasado con la dichosa Cardio y la Farma? ¿Ahora que al fin tengo tiempo para descansar y disfrutar? No lo veo claro, no. Quizá más adelante.»

«Ay, suena genial, pero tengo un viaje ya programado con mi novio a Londres. Me viene fatal.»

«Recién acabada la carrera, ¿quién puede irse si hay que enclaustrarse para el MIR durante casi un año? Imposible. Lo primero es lo primero.»

«¿En plena residencia entre guardias y salientes de guardias? Pero ¿hay vida más allá del hospital? *No way*.»

«¿Ahora? ¿Ahora que quiero quedarme embarazada? Impensable. Gracias por el ofrecimiento, me encantaría, pero no es el momento.»

«Es muy interesante lo que me cuentas, pero tengo dos niños muy pequeños, trabajo a destajo y, sinceramente, entre ir al hospital y cuidar de los bebés, la vida no me da para más. Me da mucha pena, pero en otra ocasión será.»

«¿Ahora? Ay, es que me aterra la posibilidad de que me pueda pasar algo. Ahora soy madre, ¿sabes? Eso lo cambia todo. Tengo que pensar en ellos también. Ya no tengo veinte años. Antes cogía la mochila y me largaba sin mirar atrás. Me debo a ellos. No puedo. Soy imprescindible.»

Y van pasando los años. Ante tus ojos, y filtrado por una pantalla, ves decenas de catástrofes, guerras, conflictos y muertes. Ves la necesidad, la palpas incluso, pero desde el sofá de tu casa, con tu móvil en las manos, tus calcetines favoritos y bajo tu manta regalo de Navidad, todo se ve de otro color.

«Ay, es que no puedo ver estas cosas, me afectan mucho»,

y cambias de canal mientras piensas qué les vas a preparar a tus hijos para cenar.

Y una tarde cualquiera, minutos antes de ir a recoger a tus hijos del colegio, enfadada porque el atasco de la autovía te ha robado los quince minutos que tenías para comer, castigándote porque esa mañana se te ha olvidado ponerles el almuerzo en la mochila y, además, te acabas de dar cuenta de que tu hija tiene dos cumpleaños en la misma tarde y ya te habías comprometido a ir a los dos, recibes un correo electrónico: «Lucía, mi nombre es Belén. Te escribo de Unicef. Dame un número de teléfono. Déjame explicarte lo que tenemos entre manos. En cuanto lo escuches, no te podrás negar».

Sin ninguna duda, quien me escribía sabía cómo abrir la caja de Pandora. Y vaya si la abrió. Según me iba explicando, mi corazón se iba acelerando. Sí, pero no. No, pero sí. Salí a la terraza para concentrarme más aún en su voz y en todo lo que me estaba contando. Me senté en el suelo, apoyé la espalda en la pared, me peiné el pelo con la mano, despejando mi cara en un intento de despejar mi mente también, y cerré los ojos. Soy especialmente sensible a los sonidos y a los olores, es algo que he ido descubriendo con los años. La voz de aquella mujer, las historias que me contaba, la realidad de Senegal en la que vivían quince millones de habitantes, de los cuales la mitad eran niños, caló tan hondo en mí que hubo un momento de la conversación en que le dije: «Belén, dame unos minutos. Te llamo en media hora». Estaba temblando.

Fui a buscar a mis hijos al colegio. Respiré inocencia, salud y risas de camino a casa. Llamé a mis padres. Tras un breve resumen, ambos, y con el manos libres activado, me dijeron al unísono: «Lucía, tienes que ir, cariño. Es una experiencia que te cambiará la vida».

No es la primera vez que hablo del miedo, lo sabes. Uno descubre el verdadero significado de la palabra *miedo* cuando se convierte en madre o padre. El miedo, esa emoción que aprovecha cualquier fisura para colarse y, sin darte cuenta, cubrir tus pensamientos de un gélido manto que termina por nublar tu vista y congelar tu alma hasta dejarte inmóvil, paralizado.

«Lucía, piénsalo bien. Que tus hijos, aunque ya no son bebés, te necesitan. La posibilidad es baja, pero ¿y si te pasa algo?», primer fantasma acechando.

Una ya tiene horas de vuelo, y el miedo no iba a ser el motivo para rechazar semejante oportunidad. Hace mucho tiempo que lo desterré de mi vida. Hace mucho que no me permito que tome las decisiones por mí. No. Esta lección, no sin poco esfuerzo, ya estaba aprendida. Así que, con las mismas, y tras amordazar a mis fantasmas uno a uno, llamé a Belén y le dije: «¡Cuenta conmigo! Me voy con Unicef a Senegal».

A los dos meses estaba cogiendo un avión rumbo a África junto a un grupo de mujeres excepcionales: Diana Valcárcel, Belén Barbero, Natalia Martín, Marián García y Sara Carbonero.

Ir a un país subdesarrollado a vivir de primera mano las necesidades más básicas de los seres humanos es una experiencia por la que todos deberíamos pasar al menos una vez en la vida. Como me dijo un buen amigo días antes de irme, «todos deberíamos cambiar de mundo alguna vez en la vida».

Aquel correo electrónico y aquella llamada de teléfono que me dejó literalmente temblando me llegaron en el momento justo. Momentos de tu vida en los que te hace falta resetear, en los que te hace falta algo más que hacer listas de pros y contras, momentos en los que estás cansado de tirar de balanza para saber qué camino elegir. Momentos vitales que suponen un punto de inflexión y de los cuales eres plenamente consciente.

«Lucía, ahora sí. ¡Lánzate! Que sí, que eres madre, que has de volver sana y salva, que tus hijos aún te necesitan, que eres una "pupas" y seguro que te traes un bicho de allí, pero haz el favor de decir que sí. ¡Sacúdete tus fantasmas y vete!»

Unicef, amparada por la ONU y trabajando en Senegal desde 1958 para garantizar la aplicación de la Convención sobre los Derechos del Niño aprobada en 1989. ¿Cómo podía negarme? Iba de la mano de los grandes. Nada malo podía ocurrir.

Semanas de preparativos, de nervios, de vacunas, de botiquín y de compartir junto a mis hijos y amistades la maravillosa experiencia que estaba a punto de iniciar. Decenas de llamadas y mensajes de amigos, conocidos y lectores que iluminaban mis días con mensajes del tipo: «Lucía, vuelve pronto, te necesitamos»; «Lucía, antes de irte, guárdame un huequecito, que necesito comer contigo antes de que te vayas»; «quizá no te lo haya dicho hasta ahora, pero gracias por existir», «cuídate mucho, preciosa, y vuelve entera», y así cada mañana, cada noche. Me sentí verdaderamente arropada, era el empujón que necesitaba. «Tranquilos todos, que solo son unos días, que no me voy a la guerra. ¡Que ya me estáis asustando, leche!», contestaba entre bromas.

Senté a mis hijos en la mesa de la cocina. Parece que ese es el lugar de las conversaciones importantes. Les mostré un plano de Senegal y les expliqué detalladamente adónde me iba y qué iba a hacer exactamente. Mi hija Covi, una exploradora nata, no me dejó terminar, y dando pequeños saltitos en su silla me dijo:

—Llévame contigo, mamá.

—No puedo, mi amor. Esta vez no.

—Que no, que es peligroso…, que yo he visto en la tele que allí pasan cosas. Mamá, no vayas —me dijo mi hijo Carlos entre lágrimas cogiéndome de la mano.

—No tengas miedo, Carlos, corazón —le tranquilicé acariciándole la mejilla mientras él se dejaba acariciar inclinando su cabeza para recibir mi mano—. No hay peligro. Si fuese peligroso, no iría, mi vida. Niños, esto es algo que tengo que hacer. Por mí y por los millones de personas que viven en esas circunstancias. Necesito hacer este viaje. Lo necesito. Necesito ir, volver y contároslo todo. ¿Lo comprendéis?

—Sí, mamá —respondieron al unísono tragando saliva.

Una cosa es verlo en las noticias, en los reportajes, leerlo en las revistas, estudiar datos y más datos de desnutrición infantil, de coberturas vacunales en el tercer mundo, de tasas de mortalidad infantil, de mortalidad materna…, y otra muy diferente es verlo con tus propios ojos, tocarlo, olerlo, sentirlo y llorarlo. De pronto te ves allí, en aquel país tan distinto a todo lo que has visto nunca, e intentas recordar las palabras de aquellos amigos que han vivido experiencias similares, pero nada de lo que hayas escuchado se aproxima a lo que sientes al poner un pie allí.

Nada más bajar del avión, África me sacudió con su olor. Ni bueno ni malo. Un olor nuevo, diferente, extraño; un olor que me traspasó en el primer minuto. Un olor que me acompañó durante todo el camino y que aún, de vez en cuando, vuelve a mí. ¡Ay, pero la memoria olfativa es tan frágil…! Cuando vea este libro impreso en papel, sospecho que ya solo será un lejano recuerdo.

Tras una larga y calurosísima noche durmiendo bajo mosquiteras, imaginando a los tuyos allí contigo, a tus hijos viendo con sus inocentes ojos aquel mundo, nos levantamos y fuimos a un centro sanitario donde asisten a cerca de mil cuatrocientos partos al año. ¡Mil cuatrocientos partos al año sin un solo médico!

«Aquí faltan médicos. Buscamos desesperadamente pediatras y ginecólogos. ¿Quieres venirte aquí a trabajar?», me preguntó una sonriente matrona de no más de treinta años.

Heroicas matronas, enfermeras y auxiliares atienden a los centenares de mujeres que acuden allí para dar a luz a su cuarto, quinto o sexto hijo. Y caminas por los pasillos abarrotados de mujeres sentadas en el suelo o en rudimentarios bancos con sus hijos en su regazo; niños que te miran con unos ojos que jamás antes habías visto. Miradas errantes, miradas esquivas, miradas penetrantes. Miradas, algunas serenas, otras aterradas. Miradas… Allí nadie levanta la voz. Solo se escuchan susurros. Nadie grita. Nadie llora, los niños tampoco.

Los bebés descansan envueltos sobre sus madres, en su pecho o en su espalda, pero sobre sus madres. Unos sonríen, otros no.

«En esos países, a pesar de no tener de nada, la gente sonríe. Son felices», habrás escuchado muchas veces. Siento decir que no. No siempre. Ojalá.

La pobreza en su grado más extremo. La desnutrición desafiándote, mirándote de frente. La vida y la muerte ante ti. Y aquellas profesionales, aquellas mujeres sin apenas medios, repitiendo una y otra vez tres palabras que resumen la esencia de su día a día con sus pacientes: **comunicación, confianza y seguridad.**

Y con estas tres sencillas palabras reciben a las madres en las consultas de control del embarazo; en los programas de vacunación, de planificación familiar y de método canguro; en las revisiones del recién nacido y en las visitas posteriores para valorar el estado nutricional de los niños. La falta de medios la suplen con palabras de consuelo, con caricias, con abrazos, con largas conversaciones donde se les ofrece una valiosísima y rigurosa información acerca de la lactancia materna, la nutrición y el cuidado de sus hijos. Pequeñas, humildes y calurosísimas salas donde cualquiera de nuestros alumnos aprendería más escuchando quince minutos a estas mujeres que en un cuatrimestre entero en la mejor de las universidades, donde yo misma tras más de una década de profesión he aprendido más que en los últimos años ejerciendo.

Las madres esperan pacientemente durante horas, expuestas a elevadas temperaturas, a que sus hijos sean vacunados. Allí no hay debate entre vacunas sí o vacunas no. Allí es vivir o morir. No hay más.

La diarrea es la segunda causa de mortalidad en el país. Cada día mueren en Senegal 74 niños menores de cinco años por complicaciones del parto o por enfermedades como la neumonía, la malaria o la diarrea, todas ellas prevenibles y tratables en nuestro medio en la inmensa mayoría de los casos.

—Quedarse embarazada en África es tener un pie en la tumba —nos dijeron el primer día.

—¿Cómo? —le pregunté al traductor incrédula.

Cuando me dieron el dato, un escalofrío recorrió mi cuerpo de pies a cabeza: **una de cada 22 mujeres en el África Subsahariana se muere durante el embarazo o el parto.** Convertirse en madre en África es un acto heroico. Y no es el dato de un pueblo, ni de una ciudad, ni siquiera de una capital como Dakar. Tampoco es la cifra estremecedora de un país, no. Es la realidad de un continente entero. ¿Puedes por un momento hacer el ejercicio de pensar que, de cada 22 mujeres maravillosas que se crucen en tu camino, una morirá dando vida? ¿Sabes la cantidad de mujeres y niñas que tenemos a nuestro alrededor? ¿Sabes lo que es una de cada 22?

Pero la cosa no se queda ahí. En el año 2015, el 45 por ciento de las muertes infantiles en el África Subsahariana se produjeron en el primer mes de vida. ¿Os imagináis, colegas neonatólogos, perder esta cantidad de pacientes un día tras otro? ¿Cuántos hemos perdido a lo largo de nuestra vida profesional? Afortunadamente son pocos, en mi caso muy pocos, muchos más de los que nos gustaría, sin duda, pero pocos en números absolutos. Y, aun así, cada vez que en una guardia o en una mañana de trabajo tenemos que enfrentarnos a semejante escena de dolor, lo vivimos como algo devastador. Uno nunca se acostumbra a esto. Después de conocer estos datos y por más que lo he intentado, no puedo imaginar la pérdida de semejante número de niños en mi consulta año tras año.

¿Y por qué mueren tantos? Porque el 45 por ciento de las muertes en menores de cinco años se asocian a desnutrición. Nosotros preocupados por la «epidemia del siglo XXI», la obesidad infantil, y allí se mueren de hambre…

Y en ese momento, cuando de verdad tomas conciencia de la realidad del continente africano, te sientes tan pequeño, tan poquita cosa; te da la impresión de que hay tan poco que hacer con mis dos manos y mis conocimientos de mi mundo desarrollado poco aplicables allí donde no hay ni agua potable. Y sin embargo, un enorme rayo de esperanza se abre ante tus ojos cuando compruebas que, para Unicef, la supervivencia es el primer derecho de todos los niños. Y por primera vez, la palabra *supervivencia* adquiere todo el valor que jamás antes le habías dado.

¿Cómo se salvan vidas en Senegal? ¿Cómo salva vidas Unicef en Senegal? ¿Cómo han visto mis propios ojos la delgada línea que separa la vida de la muerte? Ayudando en todos estos frentes:

- **La vacunación.** Unicef es uno de los mayores compradores de vacunas del mundo. Las vacunas contribuyen de manera extraordinaria a reducir la mortalidad infantil, evitando entre 2 y 3 millones de muertes al año en el mundo. ¿Alguien en su sano juicio no vacunaría a su hijo en estas circunstancias? ¿Y por qué en el mundo occidental los hay que se lo plantean? ¿Sabes por qué? Porque no hay memoria ya de enfermedad, porque no hay memoria ya de mortalidad infantil, porque nadie puede imaginar ver morir a hijos, sobrinos y amigos año tras año por una gastroenteritis o por un sarampión.

- **La malaria.** Esta enfermedad se transmite a través de la picadura de un mosquito. No hay dinero para repelentes, ni siquiera para hacer un rápido diagnóstico que neutralice a tiempo la infección. ¿Qué podemos hacer entonces? Proporcionar mosquiteras a las madres para que cubran las cunas de sus hijos mientras duermen.

- **La hambruna. Los niños se mueren de hambre.** ¿Qué mejor manera de bajar esas cifras de mortalidad neonatal que promoviendo la lactancia materna exclusiva durante los seis primeros meses de vida? Es más, ante la falta de profesionales sanitarios, los pocos que hay instruyen a grupos de madres organizadas que viven en aldeas y zonas rurales donde la ayuda no llega. Son los denominados Comités de Madres. Serán estas madres quienes transmitan esta información de unas a otras en reuniones semanales donde todas ellas acuden con sus hijos a cuestas para pesarlos, medirlos y valorar su estado nutricional. Jamás he visto semejante acto de generosidad. El auténtico espíritu de tribu ante mis ojos.

- **La higiene. La mayor parte de las infecciones se transmiten a través de nuestras manos.** Instruyamos pues a la población en un correcto lavado. Les va la vida en ello. Pequeñas acciones que salvan vidas.

- **El saneamiento de las aguas.** Cuando solo un 20 por ciento de los hogares con niños tienen inodoro, el saneamiento de las aguas se convierte en una necesidad de primer orden.

- **El juego.** ¿Te imaginas una infancia sin juego? He visto cientos de kits de desarrollo infantil que son enviados a las zonas de emergencia. Sí, cajas llenas de juguetes. Y muchos dirán: «¿Juguetes? Si no tienen ni para comer». La ayuda nutricional también llega, pero no nos olvidemos de que todo niño tiene derecho a una infancia donde el juego forme parte de su vida y le haga olvidar, a ratitos, el lugar del planeta donde le ha tocado vivir.

- **La desnutrición.** Si en el 45 por ciento de las muertes de estos niños la desnutrición es un factor clave, no queda otra que luchar cuerpo a cuerpo contra ella: Unicef es el mayor proveedor mundial de suministros terapéuticos contra la desnutrición. Estos alimentos conservados en pequeñas bolsitas salvan vidas.

- **La educación.** «La educación es el arma más poderosa que puedes usar para cambiar el mundo», decía Nelson Mandela. Estos niños, como los nuestros, merecen una educación digna para luchar contra la pobreza y la desigualdad.

- **El matrimonio temprano y la mutilación genital.** Una de cada tres niñas en Senegal se casa a una edad temprana y la mutilación genital, aunque está prohibida desde 1999, mantiene una prevalencia del 25 por ciento en mujeres de quince a cuarenta y nueve años. Eliminar las desigualdades que existen entre mujeres y niñas que son objeto de abusos, violencia sexual y matrimonio infantil es una prioridad en Senegal. El matrimonio infantil y los abusos son prácticas extendidas en el país, y provocan que 500.000 niños vivan separados de sus padres.

Y no son datos sin más. No lo son. Todas estas cifras tienen nombres y apellidos; a algunas de esas personas las he conocido.

Cuando, después de asistir a cientos de partos en tu cómoda profesión, ves parir allí a una mujer sin pena ni gloria, la lección te la da ella a ti y el alma se te parte en dos.

Cuando a lo largo de tu carrera profesional no has conocido más que media docena, si llega, de abusos sexuales y de pronto llegas a un centro con docenas y docenas de niñas y niños a los que les han robado su infancia, parte de ti se queda con ellos; en sus miradas, no siempre alegres, no. No siempre limpias e inocentes, no. Pero todas ellas dispuestas a empezar de nuevo.

Cuando esos niños te ven, se acercan y te tienden los bracitos. Cuando, al cogerlos en brazos, observas tímidamente su piel llena de cicatrices, cicatrices que ningún niño debería tener jamás. Cuando te acarician el pelo, ese pelo rubio que tan pocas veces han llegado a ver o a tocar...

Cuando tus ojos de pronto se clavan en la barriga de una niña que no alcanza los doce años y que en apenas dos meses se convertirá en madre. Cuando desvías la mirada y a su lado te encuentras con otra más joven aún que le está dando el pecho a un bebé diminuto que mama con ansia, ansia de esperanza y de oportunidades, ansia de vida.

Cuando un niño de apenas dos años te da golpecitos en la pierna y, al agacharte para cogerle en brazos, tus ojos se van a su oreja derecha o a lo que queda de ella y por un instante intentas imaginar cómo ha perdido lo que le falta...

Cuando conoces a una madre que ha tenido cuatrillizos y, ante la falta de incubadoras y para garantizarles al menos el calor corporal de un adulto durante sus primeros días de vida, se lleva cada día al hospital a su madre, a su prima y a su sobrino para que cada uno de ellos haga el método canguro y los cuatro hermanos tengan las mismas posibilidades de salir adelante, nunca vuelves a ver tu profesión de la misma manera.

Cuando sacas tu libreta y dibujas un payaso rodeada de una multitud de niñas que miran entusiasmadas qué vas a hacer con ese bolígrafo y de pronto una niña extrañada e inclinando la cabeza te pregunta: «¿Qué es eso?». Y dejas de pintar y la miras de la manera más tierna de la que eres capaz, con una sonrisa de labios apretados, mientras contienes las lágrimas. Y una punzada te atraviesa las tripas al ser consciente de que esa niña, encontrada deambulando por una calle sola, a la que nadie ha reclamado, no sabe lo que es un señor con sonrisa exagerada y maquillada, pecas en las mejillas, nariz redonda, sombrero de copa con margarita y pajarita de lunares, que tiene como oficio hacer reír a los niños... Y es entonces, en ese preciso instante cuando sabes que tu vida acaba de cambiar ya para siempre.

Y tras aquel intenso viaje de emociones y pocas horas de sueño donde seis mujeres vivimos una realidad tan distinta a la que estábamos acostumbradas, donde nuestra profesión pasó a un segundo plano, donde nos movíamos arrastradas por una energía que solo se respira en aquel continente de luz y color, de pobreza y hambre, volví a mi casa.

Antes de picar al timbre ya estaba escuchando sus grititos, sus saltitos al otro lado de la puerta. «Mami, mami, mami... ¡Mami ha llegado!», les oía gritar. Me quité la mochila de la espalda, solté la maleta, respiré profundo y abrí la puerta del jardín. Hice un amago de contener las lágrimas, pero desistí rápidamente. No tenía nada que hacer. Carlos y Covi corrieron hacia mí y el abrazo que me dieron fue tan grande que casi nos caemos al suelo. El olor de su pelo y de su piel después de haber abrazado a decenas de niños en Senegal me devolvió a casa. Covi lloraba desconsolada, demasiada tensión para sus ocho inocentes años. Carlos, con su cabeza refugiada bajo mi brazo, me acariciaba la espalda y repetía una y otra vez:

—Ya estás aquí, ya estás aquí...
—Ya estoy aquí, sí, cariño. Ya estoy aquí.

Con dos o tres kilos menos a consecuencia de una infección que me traje de Senegal y que me tuvo en jaque durante varios días, me dejé caer en el sofá, arropada por mis hijos.

—Mirad, niños. Os voy a enseñar unas fotos.

Encendí el teléfono y con mi entusiasmo habitual les fui contando todas y cada una de las historias de aquellas caras, de aquellas miradas, de aquellos niños... Tras unos minutos de silencio y reflexión, empezaron las preguntas, muchas de ellas sin respuesta.

—Pero ¿por qué están así? ¿Por qué son tan pobres? ¿Por qué no mandan aviones con mucha comida?

Con una sonrisa y hablando pausadamente mientras les acariciaba el pelo, les conté todo lo que Unicef hacía por ellos, todo lo que desde aquí podíamos hacer los demás. Traté de explicarles que, desde 1990, las tasas de mortalidad infantil y materna habían disminuido a la mitad gracias al esfuerzo de miles de personas que con grandes o pequeños gestos cooperaban con distintas ONG. Su mente inocente e infantil no llegaba a comprender la magnitud no ya de Senegal, sino del continente africano en su totalidad, con sus 700 millones de habitantes.

Intenté elegir las palabras adecuadas para hacerles llegar no solo mi emoción en lo vivido, sino la necesidad de pasar a la acción. Yo, que siempre he criticado el inmovilismo, en esta ocasión lo vi más claro que nunca. Una vez más, el «qué pena», el «ojalá cambie todo algún día» no servía para nada. ¿Por qué? Porque, si no hacemos nada, se prevé que para el año 2030:

- Cerca de 70 millones de niños y niñas podrían morir antes de cumplir cinco años.
- Los niños del África Subsahariana tendrán doce veces más posibilidades de morir antes de cumplir cinco años que los niños de los países de altos ingresos.
- Nueve de cada diez niños que vivan en una pobreza extrema lo harán en el África Subsahariana.
- Alrededor de 750 millones de mujeres habrán contraído matrimonio siendo niñas aún.

Y a medida que iba avanzando en mis historias con el teléfono en la mano, mientras ellos mismos iban pasando las fotos y ampliando los pequeños detalles, hubo un momento en el que mi hija rompió en un sentido llanto que me conmovió.

—¿Qué te pasa, cariño? —le dije preocupada.

—Que no puedo ya con tanta pena, mamá.

—Lo sé, mi amor —le contesté mientras la abrazaba y le besaba la frente.

—Vamos allí, mamá, y nos los traemos. A los que podamos. Aquí en casa podemos poner colchones y podrían dormir sin mosquitos y con comida en la nevera —propuso Carlos poniéndose de pie en señal de hacer realmente algo por ellos.

—No es tan fácil, cielo. No podemos ir allí y traer a los niños sin más. Hay que ayudarlos de otra manera —le dije al tiempo que iba calmando el llanto de su hermana.

Tras unos segundos en silencio en los que cada uno de nosotros tres luchábamos contra nuestra propia impotencia y frustración, Carlos, el niño que hacía unos días lloraba porque no quería que me fuera ante el temor, pavor incluso, de que a su madre le pasara algo, dijo:

—¿Nos llevarás algún día, mamá?

—Os llevaré, mi amor, os llevaré.

12

¿QUIÉN CUIDA AL CUIDADOR?

No sabes en qué momento sucede, pero un día cualquiera te das cuenta de que a tu espalda has ido cargando tal cantidad de peso que, cuando te vas a levantar y empezar a andar, la mochila te empuja hacia atrás. En el mejor de los casos solo te tambaleas. En el peor, te caes. Y es solo cuando estás ahí, en el suelo, cuando te das cuenta de la tonelada de responsabilidades que has ido cargando sin darte cuenta, sin exigir nada a nadie y, sobre todo, sin pedir nada a cambio.

«Yo siempre he sido muy fuerte. Soy una persona independiente y resolutiva. Yo no necesito pedir ayuda, me las basto y me las sobro. Yo puedo con todo, siempre he podido, esto no va a ser menos. En la vida yo tiro para adelante siempre.» Te habrás repetido estas y otras muchas más frases hasta la saciedad, como mantras. Y ¿cómo no? Te las habrás creído. Sí, a pies juntillas.

Pero de pronto estás ahí, te cuesta moverte, tu mochila pesa demasiado. Intentas dar unos pasos, pero no eres ni tu sombra. No te reconoces. Te das cuenta de que debes aligerar el equipaje, y cuando al fin te dispones a ello, no sabes ni por dónde empezar: «Esto no. Esto tampoco. Esto, si no lo hago yo, no lo hace nadie. En esto otro soy imprescindible. En esto tampoco puedo delegar».

Y te levantas, claro que te levantas, porque tú eres de esas personas que siempre se levantan, pase lo que pase y pese lo que pese tu mochila. Pero te miras al espejo y percibes tu agotamiento de tanto tirar, de tanto empujar, de tanto cargar, y por primera vez en tu vida sientes que no puedes, que no llegas, que esta vez no…, que, además, no te sientes ni reconocido ni recompensado. Tanto tiempo cuidando de los demás, tan detallista que has sido, cuidando hasta el más mínimo detalle para la gente de tu alrededor…, y ahora ¿qué? ¿Quién cuida al cuidador?

Te asomas a ese abismo en el que te encuentras y te sientes imprescindible en este universo que has creado. Piensas de verdad que todo se desmoronará si tú caes. Y es en ese momento de debilidad o de fortaleza, según se mire, cuando decides sacar la cabeza y compartir tus temores, tus miedos, tus noches en vela con quienes te rodean. ¿Y con qué te encuentras?

Te encuentras con esto:

- «Tú puedes con ello.»
- «No te vengas abajo. Los tuyos te necesitan.»
- «No estés triste.»
- «No te agobies.»

- «Hay gente que está mucho peor.»
- «Todo pasa.»
- «Olvídate de todo.»
- «Todo va a salir bien.»
- «Eres invencible.»

Y vuelves a tu casa con una sensación agridulce. Dulce porque todos te ven como tú te has considerado siempre: una persona fuerte e indestructible, valiente y generosa. Y esto alimenta tu autoestima. Pero, al mismo tiempo, la sensación es agria porque tras todas esas palabras descubres que no te sientes mejor; al contrario, te sientes peor. Sientes incluso que los estás defraudando, que con cada trocito que ven caer de ti, su mito, su ídolo, su musa se difumina. Y te refuerzas en tu creencia de: «¿Para qué decir nada si la gente no me entiende? ¿Yo no tengo derecho a venirme abajo o qué?». Y sus palabras retumban en tu cabeza, y es entonces, y no antes, cuando les das respuesta a todas ellas.

- **«Tú puedes con ello.»** No, a veces no puedo. No somos máquinas, aunque reconozco que hubo un tiempo en el que pretendía serlo. Ahora con los años conozco mi fuerza, brutal, animal y salvaje cuando tiro de ella; pero también conozco mis limitaciones, y no, hay veces que no puedo con todo. Hace poco, mi amiga Marián me decía: «Lucía, para ya. Tu cabeza es más grande que una plaza de toros. Ahí entran demasiadas cosas».

- **«No te vengas abajo. Los tuyos te necesitan.»** Pues a veces es necesario bajar a las profundidades, tocar fondo, explorar las sombras, hundirte, y hundirte un poco más para luego salir a flote, nadar, respirar y alzarte en vuelo de nuevo, más libre y sabio que antes.

- **«No estés triste.»** Esta es mi favorita. Pues no he hablado pocas veces de la tristeza y de lo que nos ayuda y nos enseña. La tristeza nos conecta con nosotros mismos, nos invita al descanso, a la reflexión. Aprovéchala. ¡Para! Eso sí, hazme caso y para. Una vez estés quieto, respira, piensa y luego actúa. No te quedes en el lamento perpetuo. Deja de lamerte las heridas, levántate y avanza.

- **«No te agobies.»** Como si diciéndolo y repitiéndotelo se solucionaran los problemas y se esfumaran los fantasmas. Prefiero que me digas: «Comprendo que estés agobiada, comprendo que estés preocupada. Pero aquí estoy. Apóyate en mí. Hazlo».

- **«Hay gente que está mucho peor.»** Ya lo sé. Y los niños se mueren de hambre. Lo sé, lo he visto con mis propios ojos. Terrible. Pero las desgracias ajenas, las miserias humanas en estos momentos no son consuelo. No me compares. No compares. Y una cosa más, el hecho de que siempre me veas con una sonrisa y con unas palabras amables que intenten alegrarte el día no significa que no esté librando mis propias batallas. Lo que ocurre es que tú no las conoces.

- **«Todo pasa.»** Sin duda. Claro que pasa, pero… hay que pasarlo. ¿Y si en lugar de «todo pasa» me dices: «Y mientras pasa, aquí estaré para lo que necesites»?

- **«Olvídate de todo.»** Venga, espera que me doy la vuelta, me quito la camiseta y le das al botón de *off* que tengo en la espalda, ¿te parece? ¿Crees de verdad que la compleja mente humana es capaz de olvidarse de algo tan importante de un segundo a otro? No. No soy capaz. Ahora mismo no. Aunque te prometo que lo entrenaré, aprenderé a posponer mis problemas, mis preocupaciones, aprenderé a parcelar. Pero ahora mismo no puedo. ¿Me ayudas?

- **«Todo va a salir bien.»** O no. A veces las cosas no salen bien, pero en esta ocasión, ¿sabes lo que te digo? Que sí, que hay veces en que necesitamos que nos lo digan, aunque quizá no sea cierto. Hay momentos en los que lo único que necesitas es esperanza. Un «todo va a salir bien» a tiempo es un cerrar los ojos lentamente, sonreír y respirar.

- **«Eres invencible.»** No. No lo soy. Tú tampoco lo eres. Nadie lo es. Todos merecemos un descanso, un relevo, un oasis, un respiro, una isla... Todo cuidador merece que le cuiden. Todos.

Esta misma mañana les explicaba a mis hijos que en los últimos días había estado un poco más estresada de lo habitual. Les expliqué serena y amorosamente los motivos por los que me habían visto algo más ausente. Están acostumbrados a ver a una mujer siempre sonriente, vital y fuerte. No hay mañana que no desayunemos con música y risas. No hay fines de semana sin bailes en el salón, paseos por la playa o una cena en el japonés. No hay noche sin cuento, sin cosquillas o sin masaje. Y no hay unos «buenos días» si no es con un sonoro beso y un pellizco en el trasero. Les pedí perdón por haber perdido la paciencia en más de una ocasión, por haber levantado la voz, algo que detesto. Y les dije que no, que mamá no era una supermujer, que mamá a veces también necesitaba un descanso. Ambos me escuchaban con atención y me perdonaron en el minuto uno de nuestra conversación, mientras me miraban con esos ojos que solo encuentras en los niños felices.

—¡Mamá, juntos somos invencibles! —exclamó mi hija.

Sonreí, la besé tiernamente en la frente, apartando su despeinada melena de la cara, y le dije:

—Juntos lo somos, cariño. Pero habrá momentos en los que tú no lo sientas así. Y eso también es natural. Todos pasamos por momentos difíciles. Lo que me gustaría que hicieras cuando sientas que las cosas no encajan, que no cuadran, que te estás quedando sin energía, es que pidas ayuda. Que no te aísles, que no cargues contra los demás.

—¿Y eso cómo se hace, mamá? —me preguntó.

—Te voy a decir lo que yo hago cuando estoy así, cuando siento que la gasolina se está acabando: hago una lista de las cosas que me sientan bien, como, por ejemplo, desayunar relajadamente aunque me tenga que levantar un poco antes, escuchar mi música favorita de camino al trabajo, tomarme un café a mitad de mañana, salir los fines de semana y desconectar con una buena cena y un buen vino, tumbarnos en la cama los tres juntitos todas las noches media hora para leer el cuento, llamar a mis incondicionales y tirarme veinte minutos hablando con ellos sin prisas ni agobios, no dejar pasar muchos días sin verlos, sentarme frente al ordenador y escribir. Luego hago una lista con las cosas que me sientan mal, todas aquellas que no me gusta lo que me hacen sentir, e intento evitarlas o incluso eliminarlas si puedo de mi día a día. Al menos, si no las puedo eliminar del todo, las identifico para que, cuando aparezcan, sepa que lo mejor es alejarme. Saber lo que no nos sienta bien ya es un gran y valiente paso.

—Mmmm, qué buena idea —contestó ella, cogiendo una de sus libretas dispuesta a escribir sus dos listas.

—A mí me sienta bien darme un baño en lugar de una ducha —añadió Carlos animado—, y también me sienta bien sentarme en el sofá contigo debajo de la manta azul y que me rasques la espalda. Y lo que me sienta mal son las prisas. Me estreso, mamá, no me gustan nada las prisas —sentenció frunciendo el ceño.

—Pues a mí lo que me sienta bien es bailar delante del espejo. También me sienta bien ducharme contigo y que me prestes tus pijamas, aunque me queden grandes. Bueno, y lo que mejor me sienta de todo, mami, es el chocolate —añadió con una sonrisa pícara—. Lo que no me sienta nada bien es que nos enfademos, que gritemos, eso no, mamá.

—Muy bien, chicos, eso está muy bien. Pero lo más importante de todo es que comprendáis que **nadie es perfecto; que todos cometemos errores; que, si nos equivocamos, debemos pedir perdón; que hay que ser amable siempre con las personas que nos rodean, siempre.** Que, aunque tú no estés en tu mejor momento, no debes pagarlo con los que te rodean, pues ellos solo buscan tu bien.

Los dos me escuchaban con sus caritas apoyadas en sus manos y los codos sobre la mesa. Me guardo esta estampa para siempre, como buena coleccionista de momentos que soy.

—Lo que me gustaría que entendierais es que no pasa nada por tener momentos bajos, porque estos también forman parte de nuestros días. Es más, en ellos encontraréis los verdaderos aprendizajes de la vida. Me encantaría que os rodearais de personas que os hacen sentir bien, que os hagan pensar y sentir bonito.

—Yo cuando estoy con mi amigo Manu es como que estoy así tan contento y a la vez tan tranquilo —contestó Carlos sonriendo y parpadeando lentamente.

—Justamente, cariño, esa es la sensación de las personas bonitas. Y otra cosa importante, no os hagáis los fuertes, esto no funciona. Nadie merece ser un saco de boxeo. Quiero que sepáis que mamá no puede evitar que os caigáis, pero en mi mano está el que os levantéis cada vez. Y lo más importante de todo, no os olvidéis de que **hay que luchar, pelear, pensar, reflexionar, estudiar, buscar soluciones, encontrar alternativas, tomar decisiones, moverse, actuar, ejecutar, avanzar y no conformarse con menos de lo que merecéis.**

—Ay, mamá, qué difícil —me dijo mi hijo Carlos abrumado.

—Un poco, cariño, pero ¿sabes qué? Que la vida tiene instantes y momentos que son absolutamente maravillosos y que merecen ser vividos y sentidos, y gente inspiradora que hace que todo merezca la pena. Sin ninguna duda. Así que no os despistéis, chicos, y a por ello. Juntos sí, juntos somos invencibles.

—Invencibles, mamá —dijeron los dos al unísono levantándose de la silla y alzando los brazos.

Antes de salir de la cocina, nos dimos un abrazo a tres de esos que recargan pilas durante días y les puse una de las canciones de mi lista de reproducción. Como no podía ser de otra manera, *Invincible* de Muse.

13

CUANDO LO MEJOR DE NUESTRAS VIDAS ESTABA EN VIETNAM

Cuando compartes tu vida con una persona con tanta entrega y pasión hacia su profesión, sin darte cuenta te contagias de toda esa maravillosa energía y llega un momento en el que no te queda otra que decirle «llévame contigo». Y así fue como Carlos decidió acompañar a María, psicóloga de profesión, a un orfanato de Etiopía para tramitar decenas de expedientes de niños huérfanos que esperaban ansiosos poder coger un avión y empezar una nueva vida en España junto a unas personas que anhelaban al fin cumplir su sueño de ser padres y madres.

—En aquella época en la que eres tan joven, en la que ya has terminado tus estudios y no tienes hijos, ni ataduras, ¿qué mejor que dar buena parte de tu vida a los demás? —me decía María, que a pesar de su juventud ya había estado en Guatemala y en África y se había convertido en una experta mediadora en adopciones internacionales.

Viajar a África te transforma, decimos todos los que allí

hemos estado. Y es verdad. Para María y Carlos, ese viaje juntos a Etiopía los cambió para siempre.

—Los dos sabíamos que algún día volveríamos allí para adoptar a uno de los tantos niños huérfanos que hay en aquel país. Queríamos tener hijos, claro que sí, como todo el mundo. Pero también estábamos seguros de que nuestro tercero o cuarto tendría que ser de esta forma —me confesaba María emocionada—. Una vez estás allí y los ves, les pones cara, nombre y vida, tu propia vida no vuelve a ser la misma.

Cómo la entendía.

«La casa, de cuatro habitaciones, por supuesto», había dicho María a la hora de elegir piso cuando con veintisiete años decidieron irse a vivir juntos ella y Carlos.

—Siempre quisimos ser padres, así que no tardamos mucho en ponernos a ello. ¿Qué podía salir mal? —decía el optimista de Carlos, alzando las cejas y mostrando aún más esos ojos azules que enamoraron a María una noche de carnaval en la que todo él se escondía bajo una peluca gigante..., todo él menos sus ojos, esos ojos—. Pues bueno, esto es lo que tiene la vida y de lo que tanto hemos hablado ya, que, contra todo pronóstico, ella improvisa. Que nuestros planes no siempre coinciden con los suyos y que querer no siempre es poder, por mucho que lo intentemos.

—Tras un año buscando el bebé, yo empecé a ponerme nerviosa —explicaba María—, así que nos pusimos manos a la obra.

María, con esa energía, esa fuerza, y siendo una ejecutora nata, no perdió el tiempo. En seguida pidió consejo médico para empezar a hacerse pruebas y estudios.

—Tranquila, cariño. Todo estará bien. No siempre se consigue tan rápido —decía el tranquilo de Carlos mientras María insistía en decir que él, además de cabal, ordenado y tranquilo, era lento.

—Lento no es —puntualizaba yo al escucharlos—. Él es del *slow movement*.

Carlos sonreía y asentía a cámara lenta.

—Eso es. Yo soy *slow*… ¿Qué prisa hay?

Ahora lo recordábamos con un sano sentido del humor, pero, en su día, ese fue el inicio de un largo, duro y transformador viaje que jamás imaginaron emprender.

«Vamos a ver, no hemos detectado ningún problema —les había informado un ginecólogo experto en reproducción asistida—. Estáis los dos sanos, sois jóvenes y no hay ninguna patología que hayamos identificado. Por todo ello, vuestro caso es un caso de buen pronóstico. Podéis estar tranquilos. Empezaremos con las fecundaciones *in vitro*. ¿Estáis de acuerdo?» Ambos asintieron mostrándose de acuerdo.

—Yo me fui a casa convencido de que en cuanto nos hicieran la primera transferencia ya todo vendría rodado. Mi optimismo natural me impedía pensar en otra cosa —afirmaba Carlos.

—Así es, Carlos es el optimista, el flexible. Yo soy la realista, la que va por delante, la que se pone en marcha antes de escuchar el pistoletazo de salida. En mi cabeza todo ha de estar controlado y todas las opciones, barajadas.

Como ocurre en estos casos, Carlos y María decidieron mantener el inicio de este proceso en la intimidad. Tantas visitas al médico, pruebas, resultados, idas y venidas…, demasiada información como para compartirse con mucha gente.

Hicieron equipo. No necesitaban de nadie más para coger sus mochilas y empezar a andar. Eso sí, en los momentos de debilidad que existen en todo viaje de estas características, de vez en cuando el cuerpo pide un descanso, pide parar, descolgar el teléfono y saber que esa otra persona está allí. Para Carlos era un amigo de juventud; para María, su amiga de toda la vida y, cómo no, su madre, Gracia.

—¿Quién no necesita de vez en cuando un hombro en el que apoyarse? —reflexionaba María en voz alta.

Y es que, si además de ser una mujer de rompe y rasga, encima todo el mundo te ha colgado el cartel de «fuerte» y, además eres psicóloga, nadie espera que tú, justamente tú, te vengas abajo; ni siquiera esperan que pidas ayuda. Todo el mundo a tu alrededor espera que seas capaz de gestionar emocionalmente este y todos los problemas a los que te enfrentes en la vida.

—Si tú no puedes, ¿quién si no?

Primera transferencia de embriones hecha. Todo según lo previsto. Ahora tocaba esperar. Y esperaron, esperaron pacientemente a recibir la llamada del ginecólogo.

—Siempre nos informaba por teléfono. Quería ahorrarnos el camino hasta allí, la angustia, los nervios. ¿Qué mejor lugar que en tu casa, en tu refugio, los dos solos y juntos?

El ginecólogo, eligiendo las palabras adecuadas y con una dulzura exquisita, les comunicó que el resultado del test de embarazo era negativo.

—Primer bombazo —dijo Carlos—. ¿Sabes qué ocurre, Lucía? Que, efectivamente, soy una persona muy optimista, pero… el optimismo ni te prepara ni te protege para esto.

«Es cuestión de probabilidades, cariño, lo vamos a seguir intentando. Lo tenemos todo a nuestro favor», repetía Carlos una y otra vez.

Segunda fecundación *in vitro* fallida.

«Vosotros vais a ser padres por lo civil o por lo penal», les dijo en esta ocasión el ginecólogo intentando quitar un poco de hierro al asunto ante una pareja que no llegó a comprender qué es lo que querían decir exactamente aquellas palabras.

—Tras ese segundo intento, yo no hubiese salido de la

cama, Lucía —decía María visiblemente emocionada—. Pero veía a Carlos ahí a mi lado, fuerte, contenido pero manteniendo el tipo, y junto a él, nuestro sueño por cumplir. Así que salí, por supuesto que salí.

Y salió, pero la incombustible mente de María ya volaba hacia otros horizontes. Horizontes que por su profesión no veía ni lejanos ni inalcanzables, todo lo contrario. Llevaba años ayudando a decenas de familias a adoptar a niños. Había dedicado parte de su vida a acompañar en el duro proceso de la adopción internacional; era un terreno por el que se movía como pez en el agua. Así que, sin dar un solo paso en falso, sus pensamientos empezaron a traspasar fronteras, y en sus sueños, cada noche, se veía en Etiopía.

«Tercer y último intento, cariño», le dijo María a Carlos. Ambos sabían que era el último cartucho. No estaban dispuestos a seguir con los tratamientos una y otra vez sin la garantía de que finalmente lo lograran. Ni siquiera contemplaban la donación de óvulos. Nunca fue una opción. Los dos iban a una, más juntos y fuertes que nunca. El precio emocional era tan elevado que habían decidido cerrar esa puerta en caso de no encontrar tras ella el camino que tanto buscaban.

—Yo de verdad pensaba que tras este tercer intento lo lograríamos. De verdad que sí…

Carlos y su inagotable fuente de optimismo contagiaba a María.

—Nunca había una causa concreta, todo salía bien hasta el mismo momento en el que nos hacíamos la analítica para saber si estábamos embarazados. A nuestro alrededor, nuestros amigos tenían hijos, uno detrás de otro… «¿Por qué nosotros no?», nos preguntábamos sin descanso.

Tercera llamada telefónica. Esta vez, María no quería ni siquiera estar presente. Lo sabía. Carlos, tembloroso, ansioso, esperanzado y aterrado al mismo tiempo, descolgó el teléfono. Tras los veinte primeros segundos dejó de escuchar la voz del ginecólogo para, simplemente, derrumbarse. Aquella fue la primera vez que lloraba desde que todo había empezado. Y lloró como un niño, todo él.

«Se acabó. Fin», pensó abatido.

Y la puerta se cerró de un golpe. Aquello fue la confirmación de que ese no era el camino.

—Fue demoledor, pero necesario al mismo tiempo. Seguimos todo el proceso médico y cumplimos todos los tratamientos para ser capaces de vivir nuestro duelo y poder adoptar a nuestra hija de una forma saludable desde el punto de vista emocional —me comentó María, visiblemente emocionada, rememorando aquellos días en los que nadie de su entorno comprendía por qué la donación de óvulos no entraba en sus planes.

—Aquello fue una catarsis —añadió Carlos—. Tras el duelo todo cambia. Cambia tu visión de la paternidad, de la maternidad, cambia tu pasado, tu infancia… y, por supuesto, cambia tu futuro. Nada vuelve a ser lo mismo.

Y ese fue justamente el inicio del viaje que finalmente, de manera inesperada, los llevó hasta Vietnam. Una vez hechos a la idea y casi con la energía de unos padres primerizos que una mañana cualquiera se levantan y dicen: «¡Vamos a por el bebé!», se pusieron en marcha. Se despidieron del equipo médico que tan bien los había tratado, se despidieron de la ciencia, de los avances, de la tecnología, de las esperanzas médicas y científicas, y con la serenidad que da una conciencia tranquila, sintieron por primera vez que estaban haciendo lo correcto.

Una vez llorado todo lo que se puede llorar una aceptación de estas dimensiones, en un primer momento sus corazones no tardaron en viajar a África. «Allí empezó todo, cariño. ¡Volvamos a Etiopía! Ese es el origen, allí está nuestro hijo», le había dicho María entre lágrimas, abrazando a un Carlos fuerte de nuevo.

Sin embargo, la vida tiene estas cosas que nadie comprende, pero que forman parte de nosotros, y es que, coincidiendo con el duelo de un embarazo que ya nunca experimentarían, les llegaba una noticia que los hizo añicos: Etiopía cerraba la admisión de nuevos expedientes. «¿Cómo? No puede ser», se repetía Carlos incrédulo. En los últimos años, el país había recibido tantas solicitudes que el gobierno había decidido paralizar la adopción de forma indefinida.

—Etiopía fue un antes y un después en nuestras vidas. Fue mucho lo que allí dejamos y mucho más lo que nos llevamos, pero aquello no nos iba a parar —afirmó María con contundencia.

Países del Este, Filipinas, China y al fin Vietnam. El día 22 de diciembre de 2013, mientras todo el mundo hacía sus compras navideñas y preparaba la cena de Nochebuena, Carlos y María presentaban la solicitud para Vietnam.

Al presentarla, pensaron: «Este sí es el camino». Tenían tan claro que serían padres que no dudaron en elaborar una lista con más de veinte patologías que estaban dispuestos a asumir en el proceso de asignación. Todo niño merece tener unos padres, una familia, sean cuales sean sus circunstancias. Maravilloso acto de generosidad que me dejó sin palabras cuando los escuchaba. Tanto fue así que, al llegar a casa, les dije a mis hijos: «Niños, hoy os voy a contar una historia y en ella descubriréis lo que es ser una buena persona». Porque Carlos y María son justamente esto, buenas personas.

Una vez entregada la solicitud, empezó la carrera burocrática de papeles, informes, cursos de formación, entrevistas y recopilación de documentación. Entre tanta actividad habían cogido velocidad de crucero, más activos y fuertes que nunca.

El 24 de abril de 2014, en lo que parecía una mañana más de trabajo para María, enterrada entre solicitudes e informes de cientos de familias en su misma situación, de pronto se abrió la puerta de su despacho. Su jefe asomó la cabeza y le dijo con una sonrisa serena:

—María, llama a tu marido y dile que venga.

María dejó caer los papeles que tenía en sus manos. Sus ojos llenos de lágrimas, sus labios apretados y su corazón acelerado le anunciaban que algo grande estaba a punto de suceder. Carlos voló literalmente desde casa hasta la oficina. Se miraron fijamente, se besaron y juntos y de la mano entraron en el despacho del jefe de María.

—Sentaos, por favor. María, ya sabes cómo va esto —dijo él.

Y abriendo un sobre grande, sacó una serie de papeles. Entre todos ellos, una foto.

—Aquí está.

Carlos miró esa fotografía de aquel bebé de tres meses con los pelitos de punta, aquella niña preciosa, más guapa de lo que nunca hubiese imaginado, y rompió en un llanto inconsolable. Sus manos temblaban, su cuerpo entero temblaba.

—Por fin, por fin, por fin…, cariño, por fin. —En su cabeza sonaba la canción de Pedro Guerra, *Daniela*, que le puso nombre a su hija y que aún, hoy en día, es incapaz de escuchar sin echarse a llorar.

María, que había presenciado esa escena cientos de veces con otras familias, de pronto se vio protagonista de su propia historia. Miró a su marido, miró la fotografía, volvió a mirar a su marido, se echó hacia atrás en la silla, cerró los ojos y respiró profundo. «Hija mía, pronto iremos a por ti», pensó conmovida.

Y uno puede pensar que todo acaba aquí, ¿verdad? Pues no. Aceptas el ofrecimiento y empieza otro largo proceso hasta que Vietnam te da la asignación y confirmación definitiva.

—Y aquí viene lo más difícil —me decía Carlos, con la mirada cómplice de María—. A partir de ese momento tú ya piensas como padre. Para ti es tu hija, aunque para el resto del mundo no lo sea. Y no hay noche que no te acuestes mirando su foto, pensando en cómo estará, si estará pasando hambre, calor, frío; si sonreirá, si sufrirá…, y tienes la necesidad vital de ir allí y cogerla por fin en tus brazos y olerla y acariciarla, y darle todo el amor que llevas años preparando para ella.

»Y te entra un miedo atroz de que finalmente no te den la asignación, porque hasta que ese día no llega no tienes la garantía al cien por cien. Y cada vez que yo en el trabajo me enteraba de retiradas de asignaciones, el alma se me partía en dos, pensando que había una posibilidad de que eso mismo nos ocurriera a nosotros.

Así que Carlos y María tuvieron que convivir durante meses con ese miedo terrible, un miedo que el resto de padres del mundo nunca hemos sentido y que ni siquiera sabíamos que podía existir. No le enseñaron la foto de Daniela a nadie. Estaban convencidos de que su entorno, su familia y sus amigos más cercanos no podrían superar una asignación negativa. María lo supo en el mismo instante en el que, en un momento de debilidad, le confesó a su hermano el momento crucial en el que se encontraban y él, con lágrimas en los ojos, le dijo a su hermana: «Ojalá no me lo hubieses contado. No puedo imaginar que esto no pueda salir bien».

Una vez más, esta pareja de buenas personas hicieron equipo y tiraron para adelante. La vida tenía que continuar, así que cuando Pablo, amigo de la infancia de Carlos, los llamó para invitarlos a pasar unos días en su casa en Soria, no se lo pensaron dos veces. Pablo y Carlos no solamente compartían pasado, sino también futuro, aunque eso ellos aún no lo sabían. Pablo y su mujer, Mari Carmen, animados por sus amigos, habían echado la solicitud de adopción tres meses después que sus amigos. País: Vietnam. ¿Alguien podía pensar que esas dos niñas podrían compartir ciudad, orfanato y cuna?

Montaron en el coche, ilusionados. Ed Sheeran sonaba en la radio cuando de pronto Carlos y María recibieron una llamada: «En los próximos días es probable que vuestra asignación esté lista. Estad pendientes del teléfono». No era un sí, pero tampoco era un no. Era un «el final está cerca».

Por fin. Sí, tenía que ser un sí. Después de todo lo que habían pasado tenía que ser un sí. **Porque uno ha de ser rea-**

lista, sin duda, pero también ha de tener esperanza, porque la esperanza nos mantiene vivos, nos da aliento, fuerza y luz. Porque creer también es necesario y esperar es humano.

Subidos en aquel coche, Carlos y María esperaban, creían y sentían que conducían en la dirección correcta, que Daniela pronto estaría con ellos.

—Aquel viaje lo recordamos como uno de los momentos con más paz y serenidad de todo el proceso. Ya estaba todo el trabajo hecho, ya estábamos a punto de recibir la contestación, ya estábamos en el final. Y sí, hemos de confesar que teníamos la seguridad de que la respuesta sería afirmativa. Daniela era nuestra hija.

No se equivocaron, pues a los pocos días el teléfono volvió a sonar: «En quince días os vais a Vietnam».

El 5 de septiembre, con las maletas llenas de ilusión, de miedo y de ganas, subieron al avión. Tras muchas horas de vuelo, tras aterrizar en un país desconocido sin sus maletas, que no aparecieron hasta tres días después, tras una serie de gestiones y trámites eternos, al fin llegaron al orfanato. Un humilde establecimiento donde nada es como habían imaginado, donde, a pesar de la pobreza del lugar, se respiraba una paz que les embargó. Entraron en un austero despacho, les ofrecieron una taza de té, y sin más demora les trajeron a Daniela envuelta en un pañal de tela, acurrucada en el regazo de su cuidadora y observando atentamente lo que allí ocurría.

Tantos días, tantas semanas, tantos meses imaginando aquel momento. Tantas veces habían sacado su foto ya desgastada de tanto mirarla, tantas lágrimas derramadas, tanto miedo, tanto amor contenido, y al fin tenían allí a Daniela. Todos los allí presentes sonreían, el silencio llenaba aquella sala. No había palabras, solo miradas, suspiros, lágrimas...

—Nos fuimos con ella en brazos. Todos salieron a despedirnos a la puerta. Lloraban. Fue uno de los momentos más bonitos y a la vez más dolorosos que recuerdo —me confesaba Carlos.

—Os lleváis a la mejor. La mejor —nos dijo la cuidadora en un mar de risas y lágrimas—. Come, duerme y ríe. Y duerme doce horas seguidas —nos aseguró.

—¡Un momento! —interrumpió María antes de irse—. ¿Puede ser que esté aquí Lien? —En aquel enternecedor momento, María tuvo tiempo de acordarse de sus amigos Pablo y Mari Carmen, que estaban a la espera de la asignación definitiva de su hija Lien.

Cuando el personal les confirmó con una sonrisa franca que Lien estaba allí, Carlos y María, con el corazón desbocado y con Daniela ya en sus brazos, les pidieron al unísono si podían verla. «Por supuesto», les respondieron.

La vida tiene estos instantes maravillosos que te hacen creer que todo tiene un sentido.

«Volvemos a casa con Daniela. Hemos visto a vuestra

hija, a Lien. Es preciosa», escribió María emocionada. Un mensaje de madre a madre.

Una vez en el taxi, Carlos y María, en un llanto apacible, besaban a su hija, dándole la bienvenida a su nueva vida. Durante once días disfrutaron de Vietnam con Daniela pegadita a sus cuerpos. No lloraba, no se quejaba, solo miraba, observaba, se acurrucaba, se dejaba besar, acariciar y cuidar.

—Tenía razón su cuidadora —explicaba Carlos entre risas—. Dormía doce horas seguidas. A las seis de la tarde caía como un tronco y no había quien la despertara hasta las seis de la mañana del día siguiente. Recuerdo cómo nos pasábamos las horas allí, en aquella habitación de hotel, mirando a Daniela y viendo *Amar en tiempos revueltos* en el canal internacional.

Su primera sonrisa llegó unos días después mientras la bañaban con agua limpia y calentita. ¿Alguno de nosotros recordamos la primera sonrisa de nuestro hijo? Ellos sí. ¡Porque aquella sonrisa decía tanto! Esa sonrisa inocente era un «aquí estoy», un «llevadme a casa».

Y volvieron a nuestro mundo y empezaron una nueva vida juntos los tres. Y a esa sonrisa le siguió un abrazo, y otro y otro más. Y una primera visita al pediatra, donde la expresión de felicidad y plenitud de esta pareja iluminó mi consulta en un día lluvioso. Y los días fueron pasando y al fin llegó el tan esperado «mamá» una mañana de domingo mientras compartían aperitivo con unos amigos ante una María emocionada.

—¿Qué ha dicho? ¿Ha dicho *mamá*? —preguntó incrédula a los que allí estaban.

—Sí, cielo, ha dicho *mamá*.

Y en seguida Daniela dijo «papá», y dijo «te quiero», y hasta hace poco les sorprendió con un: «Mami, papi, enséñame la foto de cuando vinisteis a por mí. ¿Por qué tenía los pelos *de puntillas*?».

Los años han pasado y el círculo se va cerrando. Todas las piezas del puzle encajan y aquellas piezas que no encajan intentan eliminarlas y alejarlas de sus vidas.

—Aún hay mucho racismo, Lucía —me confesaba María—. **No soy menos madre por no haber dado a luz. Carlos no es menos padre por no compartir genes. Daniela es nuestra hija y nosotros somos sus padres. Daríamos la vida por ella sin pensarlo. Ella es lo más grande que tenemos y que tendremos nunca.**

Me emocionaba al escucharla. La oía a ella, pero me escuchaba a mí misma al hablar de mis hijos y escuchaba a los cientos de familias que pasan por mi consulta y me repiten estas mismas palabras una y otra vez.

Porque debe de ser durísimo tener que escuchar comentarios del tipo «¿y cuánto os ha costado?», y escucharlos delante de tu hija, que no termina de comprender por qué ese señor dice eso. Es terrible cómo alguien, sin darse cuenta, te suelta un «qué suerte habéis tenido que no os la han dado muy negra» y se queda tan tranquilo. Pero no solamente es difícil de digerir como padre, sino que es desesperanzador como sociedad, porque son los hijos de esos padres que juzgan de esta manera los que se relacionarán en el futuro con Daniela y con millones de Danielas. En nuestra mano está empezar a cambiar las cosas. Nuestros hijos nos observan, siempre, para lo bueno y para lo malo. Demos ejemplo.

Una, que es médico, que lleva toda la vida estudiando y cree en la ciencia por encima de todo lo demás, no puede caer en señales del destino ni supersticiones varias. Sin embargo, dentro de mi yo más irracional, dentro del poquito mundo de fantasía que aún habita en mí y que se resiste a desaparecer, me gusta encontrar pequeñas señales que le den sentido a muchas de las cosas que nos pasan en la vida. ¿Infantil? Quizá. Hace unos días, María me contaba que se había encontrado con un amigo del instituto al que no veía desde hacía veinte años y que, en un intento de ponerse al día en dos minutos, él le preguntó:

—¿Y qué es de tu vida? ¿Te casaste? ¿Tienes hijos?
—Sí. Tengo una hija que se llama Daniela y que nació en Vietnam —contestó María llena de orgullo.
—¿No me digas? Al final adoptaste. ¡Era tu sueño!

Y María se quedó de piedra, sin reaccionar, porque no recordaba haber hablado, ni siquiera haber pensado en la adopción con diecisiete años. Ni siquiera había empezado la universidad. Ni siquiera había estado en África. ¿Cómo era posible? Y fue entonces cuando ella misma me dijo:

—Tenía que ser Daniela. Tenía que ser ella. No podía ser de otra forma. ¿No te das cuenta?

Y antes de terminar la frase, Carlos besó su mejilla, apoyó su brazo sobre sus hombros y me confesó con voz temblorosa:

—Yo no sería el padre que soy si no hubiese pasado por todo este proceso. Sería un hombre diferente. Me siento tremendamente orgulloso de lo que hemos conseguido y sobre todo tremendamente orgulloso de nuestra hija.

Terminamos aquella comida con un abrazo sentido y hablando de música.

De camino a casa, en el coche, conmovida por su historia, escribí un mensaje a María: «Cuando leáis el capítulo, quiero que lo hagáis escuchando esta canción: *Come Home* de One Republic y Sara Bareilles», y emocionada les di las gracias mentalmente por haberme enseñado el verdadero significado de la palabra *familia*.

En ese instante, en la cabeza de María sonaba *Photograph* de Ed Sheeran, y su mente viajaba en aquel coche de camino a Soria, un viaje que uniría a Daniela y Lien para siempre. Porque meses después eran sus amigos los que aparecían por aquel orfanato, los que habían bebido té y los que regresaban al fin con su hija en brazos.

Y para Carlos, aquel hombre de mirada limpia que con un «llévame contigo a África» descubrió su verdadero camino, solo había una canción, la banda sonora de su vida, *Daniela* de Pedro Guerra. Solo ella. Tenía que ser ella.

Estos son los cinco valiosísimos aprendizajes que me enseñó esta familia:

1. **Si estás en una situación similar, sobre todo ten paciencia.** No te marques plazos, pues casi nunca se cumplen. Tranquilidad. Respira hondo y sigue avanzando.

2. **Busca asesoramiento en asociaciones de familias adoptivas al margen de la administración.**

3. **No esperes grandes dosis de empatía en la administración; ellos hacen su trabajo.** Busca el apoyo emocional en los tuyos, en tu familia, en tus amigos y en las asociaciones de padres y madres que hayan pasado por circunstancias parecidas. Para sentirlo, hay que vivirlo.

4. **Durante la espera... ¡vive!** La vida sigue y nuestros hijos se merecen padres y madres felices.

5. **Y, por último, cree en el amor.** El amor de tu pareja, de tu familia y de tus amistades te dará la fuerza para luchar. ¿La recompensa a tanto esfuerzo y sacrificio? El amor más puro que existe: el amor de unos padres y madres hacia sus hijos, y viceversa. Incondicional, inquebrantable e infinito.

14

«YO NO QUIERO SER PRINCESA, YO QUIERO SER GUERRERA»

Querida Covi:

Acabas de salir a jugar al jardín, feliz, dando saltitos, mientras tus trenzas saltan al compás de tu inagotable energía. Cuando leas esta carta dentro de unos años, es probable que no recuerdes lo que ahora te voy a contar, pero no puedo dejar pasar un día más sin sentarme aquí delante en un ingenuo intento de inmortalizar este momento, mientras te escucho canturrear ahí fuera.

Esta mañana, al peinarte, te vi tan guapa, tan bonita que mirándote a través del espejo te dije:

—Cariño, estás preciosa. Pareces una princesa.

Inmediatamente frunciste el ceño, te volviste, me miraste fijamente y me dijiste con la rotundidad de una mujer:

—Mamá, yo no quiero ser princesa, yo quiero ser guerrera, como tú.

Aún no puedes llegar a imaginar lo que una madre o un padre sienten cuando su hijo les habla así, a corazón abierto, como tú acabas de hacer ahora mismo conmigo.

Me ves guerrera.

A tus ocho años me ves guerrera.

Y solo eso ya me hace sentir tremendamente orgullosa, porque ¿sabes qué ocurre, cariño? Que en ocasiones no hay nadie que te hable así, con la franqueza y honestidad con la que tú lo has hecho, porque aun sin ser consciente de las batallas que hemos librado juntas, has sabido verlo, y porque la capacidad de lucha es uno de los valores más preciados que puede tener una persona.

Pero ¿sabes qué es lo que más me ha gustado de todo? Que tú también desees serlo. Porque en esta vida, cielo, todo lo que verdaderamente merece la pena requiere un esfuerzo, en ocasiones titánico.

Porque te encontrarás en la vida con personas que en cuanto te vayan bien las cosas te dirán: «¡Qué suerte has tenido!». Y de lo que ese tipo de personas no se dan cuenta es de que el factor suerte es el menos importante de todos los factores.

Hace poco vi una foto muy ilustrativa, un iceberg. La punta del iceberg representa una pequeñísima parte de la superficie total de la masa de hielo; es lo que los demás ven, en este caso tu éxito. Pero ¿qué ocurre con la masa restante? ¿Todo lo que está debajo del agua que no se ve?

El esfuerzo, la dedicación, la constancia, la disciplina, los riesgos que asumes, los hábitos, las metas a las que no llegas, los fracasos, las decepciones, lo que dejas por el camino, la persistencia, la perseverancia, el trabajo duro, la pasión y la valentía. Todo ello está ahí debajo y sin ello no se vería la punta del iceberg.

En la vida hay que luchar, hija, luchar duro. Y aunque sea más bonito ser princesa, lo que nos acerca a la felicidad no es eso, sino la satisfacción de ir alcanzando metas, pequeñas o grandes, por una misma.

No subestimes nunca a nadie que ha tenido éxito en un momento dado, pues, muy probablemente, detrás de ese reconocimiento haya un gran esfuerzo que es incluso más importante que el lugar al que ha llegado.

Te contaré algo más. Mamá tenía un amigo que se llamaba Pablo Ardisana y que era poeta. Vivía en un pueblecito asturiano que se llama Hontoria. Cada dos o tres meses me llamaba para saber de mí, para que le contara de mi vida, de vosotros, de mis viajes, de mis incansables ganas de hacer cosas diferentes. Pablo tenía una enfermedad que le impedía salir de la aldea donde llevaba viviendo toda su vida, así que, para él, que yo le contara mis hazañas era como abrirle una ventanita al mundo exterior y darle la oportunidad de ver, aunque fuese a través de su imaginación, todo lo que yo estaba viviendo en esos últimos años. Yo así lo sentía cada vez que hablábamos. Siempre me preguntaba por ti y por tu hermano Carlos, por los abuelitos, y poco contaba de él. No le gustaba. Nunca se quejaba de la vida que le había tocado vivir. Nunca hablaba de los dolores que tenía, ni siquiera daba una sola señal cuando le tenían que ingresar durante semanas para controlar sus múltiples achaques. Él vivía a través de la poesía y las llamadas de teléfono que hacía regularmente a sus incondicionales.

La última vez que me llamó fue hace unos meses. Yo estaba preparando la cena y el teléfono estaba cargando en la habitación. Ni siquiera escuché la llamada. Cuando lo vi, ya era tarde, y me dije: «Mañana le llamo sin falta». Pero en este ritmo de locos que a veces llevamos, su llamada quedó enterrada en las tareas pendientes para hacer al día siguiente. Cariño, al día siguiente se me olvidó llamarle, se me olvidó devolverle la llamada.

A los dos o tres días recibí un mensaje mientras pasaba consulta que me partió en dos: «No sé si te has enterado, Lucía, pero Pablo Ardisana falleció esta noche en el Hospital Central de Asturias. Llevaba ingresado varios días con una neumonía. Lo siento mucho».

Es difícil explicar lo que sentí en ese momento. Inmediatamente pensé en aquella llamada, aquella llamada que nunca devolví. Y me hice tantas preguntas: «¿Llamaría para despedirse? ¿Sabría que se moría? ¿Por qué no le llamé, por qué, por qué? Es imperdonable, Lucía».

Terminé la consulta como pude, pues mis pacientes no tenían la culpa de nada. Auscultaba a cada uno de mis pequeños pacientes haciendo verdaderos esfuerzos para escuchar el latido del corazón y no la voz de mi conciencia castigándome duramente. Al llegar a casa busqué desesperadamente los dos poemarios que tenía de él. Me pasé la tarde leyéndole, escuchándole y llorándole.

«Para Lucía, el prodigio-mujer, que nadie cerque tu bondad, libertad y belleza. Con la firme esperanza de que todo el don de tu sensibilidad y talento sea cada día más hermoso, más pleno y más radicalmente libre. Tuyo siempre, Pablo Ardisana.»

Y leí sus palabras escritas hace más de quince años, y casi por arte de magia te estaba viendo a ti. Tu libertad, hija, tu libertad. No he conocido a una niña tan libre como tú. Y esa libertad solo se adquiere luchando, peleando y, por supuesto, siendo una guerrera incansable como así deseas ser. Y para ello has de estar preparada para aceptar críticas, para saber frenar cuando toca, porque una retirada a tiempo es una victoria, pero también has de estar preparada para caer, para levantarte las veces que sea necesario y para pelear por tu verdad.

Y ya que hoy va de historias, te contaré una más. Hace unos días recibí un comentario de una lectora que acababa de leer el prólogo de *Eres una madre maravillosa*. Aún emocionada, me escribió lo siguiente: «Es la primera vez en mi vida que el prólogo de un libro ha conseguido excavar tan hondo en mí que se me han saltado las lágrimas. Estoy eternamente agradecida».

Al leerlo, me emocioné. Como siempre que me mencionan ese fragmento, me acordé de David, el que fuera mi primer editor, el que me descubrió, el que confió en mí aun sin conocerme porque su olfato le dijo que tu mamá tenía mucho que contar. ¿Y por qué me acordé de él? Porque, cuando le mostré ese prólogo, él me dijo:

—Esa mujer del prólogo no eres tú, Lucía. Es triste. Tú eres alegre y vital. No lo veo…

—Te equivocas —le contesté—. Esa sí soy yo, esa también soy yo. Eso que has leído es el origen de todo. De *Eres una madre maravillosa* y de la mujer que ahora soy. No cambio ni una coma.

—Arriesgas —me contestó.

Y cada vez que leo comentarios del libro, de lo hondo que ha calado, de las emociones que ha despertado en los demás y de las lágrimas derramadas, me viene a la memoria esta conversación. Y pienso en el riesgo, pienso en la necesidad de luchar por lo que de verdad sientes y quieres y te mueve y te hace sentir vivo. Pienso en pelear por lo que de verdad crees. No por lo que los demás esperan de ti o por su verdad. No, cariño, no, por la tuya, la única que vale, tu verdad.

Él sabía que conmigo nada podía ser de otra manera, así que nuestra conversación acabó con un:

—Adelante. Eres imparable.

Y esto me lo repito con cada uno de los obstáculos que me pone la vida, con cada piedra, con cada tormenta y con cada naufragio. Y desde esa profundidad ahora te escribo esta carta y este libro. Porque no sé escribir de otra manera, no sé vivir de otra manera, y porque he descubierto que, cuanto más desciendo en esas profundidades, más lejos llego en el lector, y eso es lo más grande que le puede pasar a un escritor.

Aunque duela, aunque escueza, aunque sienta miedo y excitación a partes iguales, aunque haya momentos de mucho silencio y soledad, aunque haya tenido que dejar cosas por el camino para llenar mi vida de otras, aun con todo está siendo un viaje absolutamente alucinante. Porque la vida, cariño, es como un largo viaje en coche. A medida que vas metiendo cosas en él, cosas que consideras imprescindibles para seguir, habrá paradas en las que tengas que soltar lastre y liberar carga porque todo no entra. Y si te empeñas en llenar y llenar y llenar, corres el riesgo de que un día el coche diga: «Hasta aquí. No puedo más. Demasiada carga».

La vida es elección. Eso es lo difícil y lo apasionante a la vez. Y las guerreras conducen ese coche sin miedo a tomar decisiones y llenan el maletero hasta arriba para vaciarlo si es necesario unos kilómetros más adelante. Y así vas, llenando y soltando, buscando un maravilloso equilibrio que te acerque a la felicidad.

Así que no hay día en el que no dé las gracias a todas las personas que en algún momento me lo han puesto difícil porque gracias a ellas he aprendido a luchar, a reflexionar, a pensar, a poner las cosas en una balanza cuando los caminos se cubren de niebla, a sentirme orgullosa de cada batalla ganada y a cuidar de mí y de los míos por encima de todo. Gracias a todos ellos he aprendido a ser esa guerrera que tú ves, esa feliz guerrera.

He aprendido a cuidarme y a pensar en mí sin tener que sentirme egoísta por ello. He aprendido a encontrar la felicidad en mí misma y no depositarla en nadie más. Cariño, no necesitas de nadie para ser feliz. Las personas que elijas para que te acompañen en este viaje estarán a tu lado porque junto a ellas tú serás un poco más feliz. Busca «facilitadores», hija, hombres y mujeres que te hagan la vida más fácil. Y huye de los «dificultadores». La vida ya es lo suficientemente complicada como para añadir cargas innecesarias. El mundo está lleno de personas maravillosas dispuestas a compartir. Pégate a ellos.

En este viaje he aprendido a coger las riendas de mi vida y a tomar mis propias decisiones con la certeza de que, me lleven adonde me lleven, seguiré siendo una mujer libre. He aprendido a rodearme de personas inspiradoras, que sumen, que me cuiden en épocas en las que necesite cobijo, «personas refugio», porque todos necesitamos ternura. Nadie es indestructible.

Y he aprendido algo muy difícil, que es desprenderme de todo aquello que no me hace sentir bien, que resta, que mina mi camino o que pone en peligro mi felicidad o la vuestra.

Así que, Covi, cariño, no desfallezcas, no tires la toalla y vive.

Te miro a lo lejos jugar y aún te veo tan maravillosamente inocente. Este invierno llegaste muy triste del colegio. En seguida me di cuenta y te pregunté:

—¿Qué te pasa, cariño?

—Que estoy muy triste, mamá —me dijiste con los ojos llenos de lágrimas—. Hoy nos han dicho que este fin de semana se murió el papá de Óscar.

—Lo sé, mi amor —te dije abrazándote delicadamente.

Tras varios minutos de sollozos tranquilos, te separaste de mí unos centímetros, y mirándome fijamente me dijiste:

—Mami, ¿tú crees que habrá llegado ya al cielo?

Eso es inocencia. No hay nada igual.

Ayer por la mañana, cuando fui a despertarte para irnos al mercado, me dijiste con los ojos todavía cerrados:

—Mamá, no me despiertes aún. Déjame terminar mi sueño…

Terminaste tu sueño, y yo ahora termino esta carta mientras escucho emocionada la canción *Pequeña gran revolución* de Izal, que hoy te dedico, y con ella te dejo la última dedicatoria que me escribió mi amigo Pablo Ardisana y que desde hoy te pertenece: «**Mi niña, no olvides nunca que solo merece la pena vivir si se elaboran incansablemente sueños, ternura y verdad**».

Sueños porque sin ellos la vida es muy aburrida. Sueña dormida y despierta, nunca dejes de hacerlo.

Ternura, porque sin ella la vida perdería el sentido.

Y verdad para tener la valentía de vivir tus sueños y hacerlos realidad.

Siempre tuya,
Mamá (guerrera).

LA *PLAYLIST* DEL VIAJE DE MI VIDA

Capítulo 1. **«Mamá, es que ser sensible duele»**

Frente a frente, de Enrique Bunbury.

—Mamá, ¿qué es la melancolía? —me preguntó Carlos.
—Esta canción de Bunbury es la melancolía.

Capítulo 3. **«El día que decidí vivir mi vida»**

Déjame vivir, de Jarabe de Palo y Chambao.

Capítulo 4. **¿Y si no llega? ¿Y si no podemos tener un hijo?**

Hallelujah, de Jeff Buckley.

Y llegó, claro que llegó…

Capítulo 6. **Ni fuertes ni débiles. Viviendo en una tensa calma**

People Help the People, de Birdy.

Capítulo 7. **Niños, a la cama**

Para las noches febriles, noches de nervios y noches de miedos:

I'll Find a Way, de Rachael Yamagata.
The Blower's Daughter, de Damien Rice.
Someone Like You, de Adele.
Wings, de Birdy.
Gravity, de Sara Bareilles.
City of Stars, de Ryan Gosling y Emma Stone.
Fix You, de Cold Play.
Lost on You, de LP.
Sign of the Times, de Harry Styles.
Aunque tú no lo sepas, de Quique González.
Love of My Life, de Queen.
Quiet, de Rachael Yamagata.
Cuando Pedro llegó, de Pedro Guerra.
De las dudas infinitas, de Supersubmarina.
December, de Norah Jones.
Estoy hecho de pedacitos de ti, de Antonio Orozco (se la canté durante años a mi hijo Carlos).
You Take My Breath Away, de Queen (se la cantaba a Covi cuando era un bebé y necesitaba una nana para dormirse todas las noches).

Capítulo 8. **Aprender a vivir sin miedo**

She, de Elvis Costello.

Capítulo 9. **Aprendizajes tras un divorcio**

Después del naufragio, de Fito & Fitipaldis.
Respirar, de Bebe.
Me dejó marchar, de Coque Malla.
Viento de cara, de Supersubmarina.
Somebody to Love, de George Michael y Queen.
La mujer de verde, de Izal.
Carry On, de Norah Jones.
I Want to Break Free, de Queen.

Capítulo 12. **¿Quién cuida al cuidador?**

Invincible, de Muse.

Capítulo 13. **Cuando lo mejor de nuestras vidas estaba en Vietnam**

Daniela, de Pedro Guerra.
Photograph, de Ed Sheeran.
Come Home, de One Republic y Sara Bareilles.

Capítulo 14. **«Yo no quiero ser princesa, yo quiero ser guerrera»**

Pequeña gran revolución, de Izal.

Agradecimientos

Estáis aquí, de Sidonie.
Across the Universe, de Rufus Wainwright.

¡Niños, a bailar!

El baile, de Izal.
Copacabana, de Izal.
Mr. Jones, de Counting Crows.
Uprising, de Muse.
Rincón exquisito, de Second.
Primera vez, de Second.
Fan de ti, de Sidecars.
The Best, de Tina Turner.
Where the Streets Nave No Name, de U2.
Lump, de The Presidents of the United States of America.
Candy, de Iggy Pop.

AGRADECIMIENTOS

Gracias a ti, que has llegado hasta aquí. Gracias por leerme y sentirme. Gracias a todos los que como tú estáis ahí, en la sombra, apoyando y acompañando. Gracias a los miles y miles de lectores que me escriben y me cuentan trocitos de sus vidas. Ojalá tuviera tiempo para daros la voz que merecéis. Son muchas las veces que me he acostado con el corazón encogido tras leer vuestras historias. Gracias a todos.

Y un día cualquiera te incluyen en un hilo en Twitter. Y de ese hilo nace un grupo. Y de ese grupo, un equipo. Y de ese equipo, muchos amigos. Y durante meses abres Twitter, abres *#ElHilo* y entras sin llamar porque siempre hay alguien, de día y de noche, da igual el día, da igual la hora. Y lo que empezó siendo un grupo privado de profesionales hablando de ciencia se convirtió en un grupo de amigos con los que he reído y hasta he llorado. Y yo, que soy una sentimental, tengo que dar las gracias a todos por todo lo que he aprendido y todo lo que me habéis dado. Porque os conocí cerrando un capítulo de mi vida y escribiendo el primero de este libro que hoy leéis. Porque en redes sociales hay mucho trol y mucho ataque, pero de vez en cuando pasan estas cosas maravillosas que le dan sentido a todo lo demás. GRACIAS a todos, a @ElHiloOriginal al completo: Pepe Serrano, María José Mas Salguero, Héctor Boix, Leticia Martínez, Eugenia Miranda, Marián García, Irene Maté, Gemma del Caño, Elena Saiz, Luis Ramos, Joserra Fernández, Laura Gandía, Raquel Carrillo, @ProtonC1, Gloria Colli, Gabriel Ruiz, Alberto García Salido, Guillermo Peris, Jesica Rodríguez, Verónica Bernabéu, Raquel Sastre, Ana Galera, Teresa Bernal, Matilde Zornoza, Miguel Guitart, María de la Hermosa, Segundo Rite, Olga Araújo y Carlos Casabona.

Gracias a mis pequeños pacientes, a sus padres y a sus madres. Gracias por todos y cada uno de vuestros «confío en ti». Gracias por vuestros ánimos y por la confianza que depositáis en mí año tras año. Siempre os lo digo, vosotros sois mi prioridad, soy pediatra por encima de todo lo demás, adoro mi profesión y a vosotros me debo.

Gracias a cada uno de los padres y madres que forman parte de este libro. Gracias por vuestra valentía y honestidad. Gracias por este maravilloso acto de generosidad. Gracias por abrir de par en par las puertas de vuestras vidas para dar a conocer otras realidades, otros mundos y otros viajes; porque caminar junto a vosotros nos hace a todos mejores padres y madres.

Gracias a mis amistades, sin duda mi cable a tierra en estos últimos tres años en los que me ha cambiado la vida. Gracias a Lourdes, Andreu, Raquel, Michel, Carolina, Maruan, Ruth, Elías, María Jesús, Chiqui, Leonor, Ana, Rocío Fernández y Victoria Jamart. Reunirme con vosotros un par de horas es suficiente para recobrar fuerzas, coger aire y seguir. Gracias siempre. Os quiero.

Gracias a Juanjo Saval, amigo incondicional. Tus palabras siempre certeras, directas, ahí donde nadie llega. Te quiero, amigo.

Gracias a Rocío Torregrosa. Gracias por tus notas de voz de buena mañana mientras tomo café. Gracias por cada una de las veces que has aparecido en casa sin llamar, pero con la certeza absoluta de que era a ti a quien necesitaba. Gracias.

Gracias a mis editoras de Planeta, Lucía Álvarez Rovira y Ángeles Aguilera. Gracias una vez más por confiar en mí en este tercer libro. Trabajar a vuestro lado es un inmenso placer. Juntas somos invencibles.

Gracias a mi FAMILIA, mi columna vertebral.

Gracias a mi tía Elvira; siempre estás, siempre. Así te siento.

Papá, mamá, os quiero. Gracias por todo lo que me habéis dado y lo que me dais. Aún no puedo imaginar una vida sin vosotros. Os necesito. Gracias por vuestro apoyo, vuestros consejos, vuestros innumerables viajes a Alicante cuando convoco un «gabinete de crisis»… Gracias por mostrarles a Carlos y Covi un mundo que solo sus abuelos les pueden enseñar. Y sobre todo gracias por vuestro amor y por todo lo que hoy soy.

Gracias a José, mi hermano, mi socio, mi cómplice, mi confidente, mi mano derecha en esta locura maravillosa en la que nos hemos embarcado. Nos hemos recorrido toda España, llevamos el maletero lleno de momentos irrepetibles que me dan una fuerza indestructible para seguir. *#HermanosOnTheRoad*, quién se lo iba a decir a papá y mamá cuando con la edad de Carlos y Covi no hacíamos otra cosa que pelearnos. Gracias por tu serenidad, tranquilidad, apoyo y, sobre todo, José, gracias por tu bondad.

Gracias a Fran, la pieza del puzle que faltaba en el viaje de mi vida. Por fin.

Gracias a mi hijo Carlos, mi pequeño explorador del mundo interior. Gracias por tu sensibilidad. Gracias por tus lágrimas, de las que sigo aprendiendo. Gracias por tus «mami, sé que te esfuerzas». Y gracias por pintar este mundo con una paleta de colores solamente apta para almas sensibles como la tuya y la mía. El hombrecito de la casa que poco a poco se hace mayor y asume la responsabilidad de hacernos a todos la vida más fácil. No pierdas nunca tu color, Carlos; te hará grande, te hará feliz y hará muy felices a los que, como yo, tengan la suerte de compartir tu vida. Te quiero.

Gracias a mi hija Covi, mi exploradora del mundo exterior. Gracias por tus sonoras carcajadas, tus ataques de risa, de cosquillas y hasta de ira. Gracias por toda tu explosión de vida. Aburrirse a tu lado es imposible, mente inquieta, creativa, sensible, empática y luchadora. «Yo no me rindo», me dijiste siendo muy pequeña cuando no te salía un ejercicio del cole. No te rindas, mi amor, no lo hagas nunca, llegarás tan lejos como tú desees. Y yo allí estaré, apoyándote siempre, pase lo que pase. Te quiero.

Todos los títulos de Lucía, mi pediatra en Booket: